矢部万紀子

雅子さまの笑顔

生きづらさを超えて

GS
幻冬舎新書
586

はじめに

令和になり、皇后陛下雅子さまの活躍する姿を見て、しばらくぶりに思い出したエピソードがあった。それは、雅子さまがまだ小和田雅子さんだった頃のもの。皇太子さま（当時）からのプロポーズを受けると決めた時のことを、ご両親である小和田恒さんと優美子さんが「文藝春秋」（一九九三年三月号）で明かしていたのだ。

恒さんは、「親子の話し合いの中で（承諾する）雰囲気は感じていた」とした上で、こう語った。

「雅子が『自分で殿下に直接お返事するつもり』だという形で私どもに申しました」

優美子さんが、こう続けた。

「『どういう風に申し上げるの？』と訊ねましたら、『それは秘密』と。ニコニコしながら『それは秘密』と申しましたから、これはお受けするという返事をしたいという意味だと分かりました」

恋する雅子さんのワンシーン。それを三十年近く経って思い出したのは、雅子さまの明るさから連想を進めていった結果だった。

雅子さまは、令和になってよく笑われるようになった。もちろん、それまでも笑ってはいたのだが、笑顔を目にすることが一挙に増えた。しかもその笑みは「ねばならぬ」からのものでは決してなく、心からあふれる笑みに見えた。

週刊誌記者として最初に書いた皇室記事は、皇太子さま（当時）と小和田雅子さんの婚約に関するものだった。そこから長く、記者として編集者として雅子さま、そして皇室を見てきた。つらい時期をくぐり抜け、令和になって明るくなったご様子を見ているうちに、雅子さまは皇室入りを決めた頃の気持ちを思い出しているのではないだろうか、と思った。

新しい世界に飛び込む。とてつもない世界だから、不安もある。だけど、同時にワクワクする気持ちもあった。だからこそ受けたプロポーズ。それからいろいろあったけれど、雅子さまは皇后としての日々にワクワクする思いを感じていらっしゃるのでは。よかったー。

などと考えているうちに、「殿下に直接お返事するつもり」と語った雅子さんのニコニコ顔を思い出した。見たわけでもないのに。

雅子さまは、皇后としての仕事にまっさらな気持ちで臨もうとされている。そうして日々と向き合い、皇后という立場を自分のものとされようとしている。そんなふうに感じた。普通は「仕事」という表現は使わず「公務」とか「儀式」などとするところかもしれない。だが、雅子さまの三年近く前に生まれ、長く働いてきたからだろう、「仕事」という表現が一番しっくりくる。

自分のことを振り返るに、働き始めたばかりの頃、仕事とはどんなものかさっぱりわからなかった。だが、とにかくまっさらな気持ちだった。日々の仕事に向き合っているうちに、記者という仕事、記者という立場、そういうものが少しずつわかってきた。これはたぶん「記者」に限った話ではないはずだ。とにかく向き合い、少しずつ我がこととしていく。この世にあるすべての「仕事」と「立場」とはそういうもので、それは「皇后」でも同じではないか。そんなふうに思うのだ。

そして令和の雅子さまは、いつも笑顔。つまり、皇后という立場を我がこととしていくその道は、笑顔で歩いていける道。そう思えてうれしかったのは、やはり私が雅子さまと同世代ということが大きいだろう。

二〇二〇年（令和二年）二月二十三日、陛下は六十歳になった。誕生日を迎えるにあたっての記者会見で、雅子さまが即位に関する儀式・行事にすべて出席できたことを「私も雅子もとてもうれしく思っております」と語られた。雅子さまの強い責任感、そして即位以来の多くの人からの温かいお祝い。それが活動を支えているという見方を示した後、雅子さまの体調について語られた。医師団の見解通り快復途上で、体調に波があり、疲れが残ることもあると説明した上で、こう述べられた。

「近くで見ていると、とてもよく頑張っていると思いますが、決して無理をすることなく、これからもできることを一つ一つ着実に積み重ねていってほしいと思います。また、即位以来、忙しい日々を送る中でも、私や愛子にもいろいろと細かく心を配り、活動を支えてくれており、公私にわたり良き相談相手となってくれています」

「近くで見ていると、とてもよく頑張っていると思います」から、陛下は雅子さまの「皇后という仕事」を高く評価しているのだと思った。「近くで見ていると」がポイントで、通り一遍の評価ではないことがわかる。働く意味を見失いがちな今の時代にあって、何気ないけれど多くの人に響く、そういう表現だと感じた。

個人的に感動したのが、最後にある「良き相談相手」という言葉だ。目にした瞬間、図々しくもこう思った。私も陛下と同じだ、と。

私も雅子さまに相談している。などと書くと、何をばかなことをと思われることだろう。相談という言葉が最適かどうかはわからない。だけど、雅子さまを考えているうちに、それがいつの間にか自分を考えることになる。それは確かに実感していることだ。

たとえば、働くって何だろう。そんなことを考える。新しい世界に期待をし、そこでの活躍を願った雅子さまが生きづらさを感じた。それはなぜなのだろうと考えると、働く女性が感じるさまざまな生きづらさと重なってくる。そこから、女性が生きるとは、と考え、自分はどんなふうに生きたいのだろうかと考えることになる。

笑顔になった雅子さまは、何を克服し、何と折り合いをつけたのだろう。そのことを考えるうちに、制度とは何だろうということも考える。皇室という制度が抱える難しさと、自分はどう向き合えばいいのだろうか。そんなことも考えるようになる。

そういう意味で、私にとっても雅子さまは「良き相談相手」なのだ。生きるとは何だろう。幸せって何だろう。この国で暮らすとは。雅子さまを通して、自問自答を繰り返す。それが、雅子さまのご婚約以来、少しずつ培ってきた私なりの皇室を見る目。そんなふうに表現できるかもしれない。

私の自問自答の足跡と、たどり着いた先を書いたつもりだ。それが多くの人にとって納得できるものになっていれば、とてもうれしい。そして、誰かの自問自答の一助となれば、書き手としての本望だと思う。

雅子さまの笑顔／目次

第2章　ファッションに見る主張と継承　57

DTP　美創

第1章
不安から自信へ

1　令和初日の「男女雇用機会均等法」

「社会貢献」という旗

二〇一九年五月一日、令和の初日。ＮＨＫは八時十五分、朝ドラ「なつぞら」の終了とともに新天皇即位の儀式を生中継するニュース特番をスタートさせた。

皇居宮殿・松の間で「剣璽等承継の儀」が始まるのが十時半、「即位後朝見の儀」が始まるのは十一時十分。番組は正午まで続く。となると当然、中継映像だけでは間が持たない。天皇陛下や皇后雅子さまと親しい人たちが話をしながら、番組を進める構成になっていた。

陛下の側からは学習院初等科以来の同級生、水問題の専門家である政策研究大学院大学教授。雅子さまの側は、田園調布雙葉学園で小学校から高校まで一緒だったという友人二人が登場した。そのうちの一人、土川純代さんは、かつて大手銀行の総合職として働いていたという。

「皇后さまは、外務省に勤務されて」と言ってから、司会の武田真一アナウンサーがそう土川さんの職歴を紹介した。

「女性がバリバリ働く時代の幕開けでしたよね。働くことについて、どんなふうに語り合いましたか？」という武田アナの問いかけに、土川さんはこう答えた。

「お互いに均等法施行後の一期生として一緒にキャリアを積んで、社会貢献できるようにとよく語り合っていました」

雅子さまを考える上で絶対に欠かせないのが均等法、正式には男女雇用機会均等法だ。一九八六年（昭和六十一年）に施行され、雅子さまは翌一九八七年（昭和六十二年）に外務省に入省された。施行から一九九〇年（平成二年）までの間に就職した総合職女性を「均等法第一世代」と呼ぶことが多く、土川さんはそれを「一期生」と表現したのだと思う。

ちなみに私は一九八三年（昭和五十八年）に新聞社に就職したので、「均等法以前入社」組だ。もう一つちなみに「社会貢献できるように」などと友人と語り合ったことは、一度もない。自分のダメさを棚に上げて解説させていただくなら、均等法というものが働く女性の意識を大きく変えたと思う。

均等法以前入社の私は、会社への期待値がある意味で低いところがあった。大学の「就職室」には求人票が壁いっぱいに貼られていたが、ほぼすべてに「男子若干名」と書かれていた。それが当たり前で、おかしいと憤るより数少ない入社試験のチャンスをものにせねばと思っていた。だから入社してからも「入れていただけてありがたい」と会社に思う気持ちもあったし、自分は「変わり種」として入社したのであって、メインストリームを歩く者ではないと思っていた。書きながら自分でも情けなくなるが、こんな考えで入社した人間が「社会貢献しよう」

という発想など持てるはずがない。
その点、第一世代は違った。後輩を見て自分との違いをしみじみ実感したが、皆一様に使命感に燃えて入社してきた。張り切っていた。メインストリームを歩く者として会社に入ったのだ、という自負があった。そのうちの多くがそう時を経ず、「男性ファースト」という会社の現実を知ることになる。土川さんも今はファッション関係のメディアで働いていると語っていたから、大手銀行でそういう体験をして転職をしたのかもしれない。それはさておき、入社時点での意欲の表れが、雅子さまと土川さんが語ったという「社会貢献」という言葉だったと思う。

しかも、と言っていいかどうかわからないが、雅子さまはバリキャリだった。もしかしたら「バリキャリ」はもう死語かもしれないが、ハーバード大→東大→外務省と絵に描いたような「バリバリのキャリアウーマン」だった雅子さまが一九九三年（平成五年）、皇太子さま（当時）と結婚された。だから婚約が決まった皇室会議後の記者会見で、外交官という職業を捨てることに後悔はないかという質問が出たのは当然のことだった。

雅子さまは「六年近く勤めた外務省を去ることに、寂しさを感じないと申しましたら、うそになると思います」と答えた。やりがいのある仕事をし、尊敬すべき先輩や同僚にも恵まれ、とても充実した勤務だったと振り返った後に、こう続けた。

「でも昨年の秋、本当にいろいろと考えた結果、今、私の果たすべき役割というのは殿下のお申し出をお受けして、皇室という新しい道で自分を役立てることなのではないか、と考えましたので、決心したわけです。今、悔いはございません」

新しい道で自分を役立てる。土川さんと語り合った「社会に貢献する」という旗は降ろさない。ただ、歩く道を変える。この時の雅子さまの気持ちは、「嫁ぐ」というより「転職」だったと思う。雅子さまは変わらず、使命に燃えていた。

「男子出産」を期待されたつらさ

それから十年経った二〇〇三年（平成十五年）十二月、雅子さまは公務を停止した。「適応障害」という病名が発表されたのが翌年七月で、今も療養は続いている。雅子さまに何があったのか。皇太子さま（当時）から「雅子のキャリアや、そのことに基づいた雅子の人格を否定するような動きがあったことも事実です」という発言があり、「外国訪問できなかったということなども含め」雅子も私もとても悩んだという追加説明もあった。だが、それだけではないだろうと思った人は多かった。

中でも敏感に反応したのが、均等法第一世代の女性たちだった。彼女たちも悩んでいたから、雅子さまに自分を重ねたのだ。均等だったのは雇用機会だけ、会社は相変わらず男性ファースト。その現実を前に彼女らは、直感的に雅子さまの現状を把握した。皇室という組織が雅子さまの活躍を阻んでいる、と。

令和が始まる三カ月前に『美智子さまという奇跡』（幻冬舎新書）を上梓した。民間から皇室に入り、ミッチーブームを起こした美智子さま。皇后になってからも、国民の期待以上の働きをされた。その奇跡の軌跡を描きつつ、後に続く雅子さまの苦しさも書いた。

社会貢献しようと入った皇室で、まず期待されたのは「男子出産」だった。そのことは、金澤一郎さん（元皇室医務主管）の証言で紹介した。再掲する。

〈ご成婚前に、いわゆる「皇室外交」もできるからと説得をお受けになったようですね。ただ、皇室に入られてから、想像されたことと違うことがさまざまおありだったと思うのです。皇室では、外国の王室も同様ですが、まずは「お世継ぎ」を期待されます。しかし、初めの六年半はお子さまに恵まれなかった。〉

（「文藝春秋」二〇一二年八月号「前皇室医務主管独占インタビュー」）

拙著を読み、「涙が出た」と言ってくれた人がいた。均等法第一世代の女性だった。あんな素晴らしい人が苦労されたことが、改めてわかった。自分も新卒で入った会社で悩んだから、心にしみた。そのような感想の後、最近の雅子さまが明るくてうれしい。そう言って笑っていた。

ＮＨＫのニュースに話を戻す。土川さんは雅子さまのことを「目立ちたがり屋さんではないので控えているけれど」、人気者だったと語った。お茶目で、快活で、コロコロ笑い、周囲を朗らかにする、そんな存在だった、と。

それを聞いて、ああ、国民はそういう雅子さまを見たいのだなと思った。皇太子妃時代、国民は雅子さまをあまり見ることができなかった。療養中で公務をお休みされることが多く、不登校になった愛子さまに付き添って登校する姿などが報じられたが、お茶目で快活な姿とはほど遠かった。

番組中、「即位後朝見の儀」に車で向かう雅子さまの映像が、何度も流れた。歴代皇后に伝わるティアラをつけ、ローブ・デコルテの正装。雅子さまは車の窓を開けて、待ち構えていた人々に笑顔で手を振られていた。

司会の武田アナが「半蔵門に入る時の映像ですが、何度も見ましょう」と言っていた。四時間近い番組を持たせるには、繰り返しは当然必要なことではあったのだが、国民は雅子さまの笑顔を求めているのだと実感させられる言葉だった。

雅子さまが体調を崩したことについても、番組は話題にした。雅子さまのもう一人の友人、谷川由子さんは「つらいことも多かった雅子さまだからこそ、難しい環境にある方、悲しい思いをなさっている方に、よりお心を添えることができる立場であり、そのことでご自身が輝くことになる。そうお察し申し上げております」と語っていた。

谷川さんのこの発言は、たぶん多くの国民がすでに感じ取っていることだと思う。そう、病を得た方が皇后であることに意義がある、と。

皇室の中で生きる意味を見失う

雅子さまは、今も療養中である。毎年十二月九日のお誕生日に合わせて「東宮職医師団見解」という文書が出されていた。令和になる半年前の二〇一八年（平成三十年）の文書でも、「着実に回復しているが体調に波があり、過剰な期待は逆効果だ」ということが説明されていた。

番組を見ながら、こう思った。たとえば、という言い方も変だが、適応障害について国民に語っていただくというのはどうだろうか、と。

雅子さまの適応障害は、「新型うつ」に近いのではないか。精神科医の斎藤環さんは平成の時代、そのような見立てをもとに雅子さまの状況を解説していた。腑に落ちる点がとても多かったので、前著同様その見立てにのっとり、論を進める。

旧来のうつは、生き延びるために頑張りすぎてつぶれる「生存のうつ」。一方、新型うつとは、自分が生きることの価値を見失った時に苦しみが始まる「実存のうつ」。雅子さまは「皇室の中で、生きる意味を見失ってしまったのではないか」というのが、斎藤さんの見立てだった。

実存と生存とは一見わかりにくい言葉だが、「皇室」を「職場」と置き換えれば他人事《ひとごと》とは思えない。実際一九六〇年（昭和三十五年）以降生まれの人のうつは、ほとんど「実存のうつ」だという。結果だけが求められる職場にあって、生きる意味を見出せなくなる人は多い。仕事ができる、できないとは関係ない。なんのために働いているのか。今の時代、それを考えずに済んでいる人がいるとすれば、それは本当に恵まれた人だと思う。

『美智子さまという奇跡』の上梓後に、斎藤さんと対談する機会を得た。そこで斎藤さんは美智子さまの疎開体験に触れ、疎開とは生存の危機だから、それで美智子さまにはある種の覚悟ができたのではないか、と語っていた。なるほど、美智子さまが皇室で「百点満点以上の結果」を出した背景が納得できた。

対談で斎藤さんは、「実存は中身であって、地位では埋められない」とも語っていた。皇后になってからも雅子さまには「実存」が必要だ、と。

「生きづらさ」を語っていただきたい

思い出したのが、即位の三カ月前、雅子さまが十七年ぶりに出席したという「青少年読書感想文全国コンクール」の映像だった。茜色のスーツに同系色の帽子の雅子さまは表彰式の後、皇太子さま（当時）と一緒に受賞した子どもたちと懇談した。すぐに膝を曲げ、受賞した少女と同じ目の高さになった。次いで、皇太子さまも同じ目の高さに。楽しげなご様子のお二人にこちらの頬も自然と緩む映像だったが、雅子さまはこのような式への出席に葛藤されたのではないかと想像している。

読書感想文が問題なのではない。壇上で夫である人の横に座る。それを「自分らしい仕事」と感じられるか。お代替わりが決まって以来、初めての公務、○○年ぶりという公務を増やしていった雅子さまだ。これからは、「象徴」という立場にいる人の妻としての実存を模索することになる。

「社会貢献」をする新しい場として選んだ皇室という所で、雅子さまは皇后として、何を実存と感じるのか。そこにつまずくと、皇太子妃時代のような公務のままならない日々に逆戻りしてしまうかもしれない。その不安が誰しもの心に少しだけあるから、ティアラをつけての笑顔を「何度も見ましょう」になったのだと思う。

だからこそ、「適応障害」に至った葛藤を語っていただけたらと思う。療養に差し障らないということが前提だが、まさしく雅子さまにしかできない、意義あることだ。

「生きづらい時代」だと、誰もが当たり前のように言う。だから雅子さまが「生きづらさ」を語る。均等法第一世代には、まっすぐ届くはずだ。志高く就職しても、現実の厚い壁に阻まれることが多かった。でもそこからもあきらめず、人生を模索し続けた人たちだからだ。若い世代は若い世代で、「勝ち組」「負け組」などという言葉に翻弄されている。だが、勝ち負けの基準は自分たちで決める。そういう価値観も広がっている。

　陛下と雅子さまより上の世代の人たちには、抵抗があるかもしれない。「生存」のために戦ってきた世代だから、実存の苦しみは理解しにくい。だが総じて言うならば、天皇皇后は完璧である必要はない。国民と地続きのところに生きていることが、敬愛につながる。そういう時代だと思う。

　雅子さまは二〇〇二年（平成十四年）のお誕生日にあたって開いた記者会見を最後に、会見というものをしていない。療養に入ってからは、「所感」「ご感想」という文書を発表している。二十六年前、皇室会議後の記者会見では、雅子さまは控えめながら能弁だった。「雅子さんのことは、僕が一生、全力でお守りします」という皇太子さまの決め台詞を、恥ずかしそうに明かした。

　あの日のように、雅子さまに語っていただきたい。

　雅子さまには、自信を持って国民に飛び込んでいただければよいのだと思う。生きづらさを感じ、病を得て、今に至る雅子さま。これからも、いろいろなことがあるだろう。時々のお気持ちを繕うことなく、ありのままに語る。

その先に、「適応障害」を語られる日が来れば。均等法第一世代より少し上の先輩として、その日を楽しみに待っている。

2「らしさ」と「継承」、二つの期待

十七年ぶりの三殿拝礼

二〇一九年（令和元年）五月四日。天皇陛下の即位を祝う一般参賀で雅子さまは、にこやかに手を振っていた。明るい黄色のロングドレスに同色の帽子が華やかで、二十六年前と同じだった。

皇室会議で、皇太子さま（当時）との婚約が決まった一九九三年（平成五年）一月十九日。「新しい道で自分を役立てる」と決意を述べた記者会見。雅子さまは明るいカナリア色のワンピースに同色の帽子をお召しだった。出発点に帰るような思いで、同色のドレスを選んだのだろうか。あの時より、濃い色だった。過ごしてきた月日の重みかもしれない。勝手にそんな想像をした。

四日後の五月八日、雅子さまは「期日奉告の儀」に臨み、賢所、皇霊殿、神殿の三殿で拝礼をされた。髪を「大垂髪《おすべらかし》」に結い、十二単のような古式装束に身を包んだ。この日のように三殿を拝礼する祭祀は、二〇〇二年（平成十四年）以来十七年ぶりだったという。

皇太子妃時代の雅子さまは、「宮中祭祀」を苦手とされてきた。療養に入ってからは三回し

か出席していない。そのことを批判的に語る人は、とても多かった。だからこそ八日の祭祀が無事に済み、一安心だと感じた人も多かったはずだ。

雅子さまにとっての宮中祭祀

令和になってから宮内庁ホームページを見たら、「宮中祭祀」というページに「天皇皇后両陛下は、宮中の祭祀を大切に受け継がれ、常に国民の幸せを祈っておられ、年間約20件近くの祭儀が行われています。皇族方も宮中祭祀を大切になさっています」という記述があった。

お代替わりに関する儀式では、政教分離の観点からさまざまな議論があった。だが安倍晋三政権は昭和から平成の時の前例を踏襲すると早々に決め、「剣璽等承継の儀」「即位後朝見の儀」など五つを「国事行為」、この「期日奉告の儀」と「大嘗宮の儀」を「皇室行事」とした。

とはいえ、雅子さまの側に立ってみれば、「国事行為」でも「皇室行事」でもお代替わりの儀式の大変さは変わらないだろう。十月二十二日の「即位礼正殿の儀」は国事行為だが、大垂髪に古式装束という姿で御帳台《みちょうだい》に上がる儀式の様子はテレビで中継される。さらに十一月十四日からの「大嘗宮の儀」は皇室行事だが、同じく古式の装束での儀式は翌日の未明までかかる。

これらの儀式が無事終わったとしても、宮中祭祀は「年間約20件近く」あるのだ。大丈夫だろうか。雅子さまがお妃教育を受けた時、英語版『ザ・ワールド・オブ・シントー（神道祭典）』が使われた。当時は「国際派の小和田雅子さん」を伝えるエピソードの一つに過ぎなかったが、そう単純なことではないと思う。

お代替わりを前に、宗教学が専門の島薗進・上智大学教授はこう語っている。

〈明治以降、欧米のキリスト教国家に対抗できる近代国家を構築するための土台として利用されたのが皇室祭祀だった。そのため祭祀が大幅に創り出され、特に神武天皇祭をはじめ万世一系を裏打ちするような先祖祭が目立った。〉

（朝日新聞二〇一九年三月二十一日朝刊「皇居の森深き宮中祭祀」）

人為的に創り出された祭祀、歴史学ではほぼ存在が否定されている神武天皇……と考えると、ハーバード大学や東大で合理的な教育を受けた雅子さまとは遠い世界に思える。お代替わりの儀式が終わり、通常のサイクルに戻った時、雅子さまは祭祀とどう向き合うのだろう。「期日奉告の儀」で古式装束姿の雅子さまを見ながら、そういったことを考えた。もちろん、「宮中祭祀をパーフェクトにするべきだ」という立場からでは決してない。平成の終わりに実施された週刊誌「アエラ」のアンケート結果が頭にあり、気がかりだったのだ。

皇后としての雅子さまに期待することは？

令和直前の四月中旬に実施されたアンケートだ（二〇一九年五月十三日号「笑顔の期待と新皇后像」）。

「雅子さまのイメージに近いものは？」という質問に対しては「愛子さまの良き母」「天皇陛下の良き妻」よりも多かったのが「キャリアウーマン」。それよりも多かったのが「悩める高学歴女性」だったのは、「アエラ」の歴史からも当然だと感じた。

「アエラ」は一九八八年（昭和六十三年）の創刊だが、「均等法第一世代」の女性に関する記事で部数を伸ばした。自分の話で恐縮だが、「アエラ」創刊時に編集部員だった。部数が伸びたのは私が他部署に移ってからで、均等法第一世代の女性が編集部に増え、会社に抱く違和感をベースに記事を書いたからだと思う。

そんな経緯もあって、「アエラ」はずっと雅子さまの味方だった。皇室で活躍できない姿に、己を重ねたのだ。雅子さまが静養に入られた五カ月後には「他人事ではない私たち　雅子さま異例のご静養の陰で」（二〇〇四年五月三日号）という記事を載せ、雅子さまへのバッシングが頂点に達していた二〇一二年（平成二十四年）には「雅子さまを諦めきれない」（二月十三日号）という記事を載せている。

アンケートに話を戻すと、「皇后雅子さまへのあなたの気持ちは？」という質問で一番多く票を集めたのが「お気の毒だと感じる」だった。これも「アエラ」の歴史を知る者として、「正直な答えだなあ」と納得できた。一方、複雑さにうなってしまったのが「雅子さまに期待することは？」への回答だった。

少し詳しく書くと、一位が「皇室外交」（七十六人）、二位が「天皇陛下のサポート」「宮中祭祀など伝統の継承」（ともに七十四人）だったのだ。一位は雅子さまのキャリアを生かしたもので「アエラ」としては不思議でないのだが、二位はどちらも上皇后美智子さまの皇后時代の姿と重なるものだ。雅子さまが皇室で「自分らしさ」を発揮できていない。そのことを繰り返し書いてきた「アエラ」だったのに……。

お代替わりが目前に迫り、雅子さまが皇后になられることがはっきりイメージできる。その段階で読者が期待したのは、「雅子さまらしさ」の発揮と「美智子さま路線」の継承だった。どちらも求める気持ちに悪意はないが、雅子さまにしてみればしんどいのではないか。そんなふうに思ったのだ。

「期待」が「チェック」に変わる？

その頃、皇室を取材している記者と話をした。雅子さまは二〇一三年（平成二十五年）頃から体調が回復し始め、公務の幅が広がっていった。それから徐々に雅子さまへの「期待」が高まっているのを感じていたが、お代替わり前にマックスになっている。そういう話だった。

その人は新時代への祝賀ムードが一段落したら、「期待」がいつしか「チェック」に変わるのではないか。そんな危惧を口にしていた。皇室の活動が通常モードになってくれば、雅子さまがあれをしていない、これもしなかったと数える人が、必ず出てくるのではないだろうか、と。新しい時代になる時、抵抗感を激しく持つ人がいることは、一九九三年（平成五年）に吹き荒れた美智子さまバッシングでもはっきりしている。

天皇ご夫妻（当時）が住む新御所への批判から始まった報道は、宮内庁職員だと匂わせる「大内糺《ただす》」なる人物も登場し、過激な「皇后批判」となった。その年の誕生日にあたっての文書で美智子さまは、「事実でない報道には、大きな悲しみと戸惑いを覚えます」と述べられたが、文書が公表された誕生日の朝に倒れ、失語症となった。

記者の話を聞きながら、どんなことが起こるかはわからないけれど、宮中祭祀と「勤労奉仕」へのご会釈はチェックされるに違いないと思った。

「勤労奉仕」とは、皇居と赤坂御用地の清掃などを団体でするボランティア。上皇さまと美智子さまは、天皇皇后として月に七、八回、ほぼ欠かさず、全団体に挨拶されていた。皇太子時代の陛下はお一人で、ほぼ同じ回数だけ挨拶されていた。雅子さまは滅多に挨拶されず、「国民と直接会える場なのに」と批判の的となっていた。皇后になられた雅子さまは、どうなさるのだろう。

勤労奉仕は七月と八月、十二月十六日から一月十五日までは、原則として実施されていない。五月に令和が始まって以来、お代替わりの行事が一区切りしたのが十一月だから、実際にご会釈されるとすれば令和二年の春辺りからだろうか。

もちろん「勤労奉仕団へのご会釈、頑張ってください」などと言うつもりは毛頭ない。だって令和なのだ。

宮内庁ホームページによると勤労奉仕の始まりは、「昭和20年5月に空襲で焼失した宮殿の焼け跡を整理するため、同年12月に宮城県内の有志が勤労奉仕を申し出た」ことだという。戦争が終わって始まった勤労奉仕。それから昭和が終わり、平成も終わった。陛下と雅子さまで「令和流」を築いていかれればよい。

令和流を築いていくパートナーとして、陛下のような良い方はいない。という話を次項で書こうと思う。

3 「雅子とともに」で作る令和流

「皇后は」でなく「雅子は」

『水運史から世界の水へ』（ＮＨＫ出版）という本を読むと、天皇陛下が雅子さまにとって、どれほど良いパートナーかということがよくわかる。それは二〇一九年（平成三十一年）四月五日に出版された徳仁親王による著書で、陛下が一九八七年（昭和六十二年）から二〇一八年（平成三十年）までになさった「水問題」についての講演がまとめられている。

陛下は学習院大学の卒論に「瀬戸内海の水運史」を取り上げて以来、この問題を研究されてきた。皇太子時代に新たな公務の方向性を尋ねられるたび、「自分自身も携わってきた水の問題」と必ずあげてもいる。そんな陛下のライフワークへの情熱があふれる本だ。だが、あふれているのはそれだけではない。雅子さまへの愛もあふれている。

「はじめに」の最後、刊行に際しての謝辞として天皇皇后（当時）を筆頭に、十二人の名前をあげている。締めくくりはこうだ。

「そして、私の水に対する関心に、いつも理解と協力をしてくれている妻の雅子にも感謝の気持ちを伝えたいと思います」

第七章「水災害とその歴史」は学習院女子大学での講義（二〇一二年一月二十八日）と補足からなるものだが、四十数ページの間に「雅子とともに」という言葉が七回、登場する。古代の大津波などにも触れられているが、雅子さまの名前が出てくるのは主に東日本大震災とその被害について述べた部分。「雅子とともに」現地に行き、被災地に心を寄せ続けている。そう書かれている。

「雅子とともに」は、令和流皇室を考えるキーワードだと思う。

上皇さまと美智子さまは、お二人で平成流を築いてきた。被災地では膝を折って被災者を励まし、国内外の戦争跡地では深く頭を下げた。美智子さまは常に陛下より、少し後ろを歩かれた。昭和一桁生まれ同士のお二人には、それはごく自然なことだったろう。互いの呼び方もそうだ。

上皇さまは皇太子時代、記者会見をしばしば開いていた。昭和が終わった直後の一九八九年（平成元年）三月、『新天皇家の自画像』（文春文庫）という本が出版されている。ご一家の記者会見がすべて記録されている貴重な史料なのだが、そこに登場する上皇さまは美智子さまのことを「美智子は」と一度も呼んでいない。その会見に同席する、またはお一人で会見をする美智子さまは「殿下が」「東宮様は」と何度も言っていた。だが上皇さまの口から「妃は」「美智子は」という言葉は出ていない。天皇に即位してからはもっぱら「皇后は」という言い方で、やはり「美智子は」ではなかった。

現在の陛下は本の中だけでなく、皇太子時代の記者会見でも一貫して「雅子は」と述べている。一九六〇年代生まれのお二人にとっては、そちらが自然だったということだろう。

周囲の期待に応えてきた「似た者夫婦」

五月一日のＮＨＫニュースのことはすでに書いたが、陛下のご友人として、幼稚園から中等科まで学習院で一緒だったという立花眞さんが出演していた。

立花さんは陛下のことを、小さい頃から思いやりがあり優しい方だと繰り返していた。やんちゃなことも一緒にした幼少期から、陛下が変わられたのは中学一、二年の頃だったと振り返った。「〇〇だ」と言い切っていたお言葉遣いが、「そうであるといいですね」とご希望を述べるようになったと例をあげていた。司会の武田真一アナウンサーが「意思を少しずつ和らげるようになったのですね」と、まとめていた。

自分の立場を理解するにつれ意思を和らげるようになった陛下が、決して和らげなかったのが、雅子さまとのご結婚への意思だった。最初のプロポーズで断られても、母方の祖父がチッソの経営にかかわっていたことが問題になっても、「雅子さんではダメですか」と関係者に伝え続けた。

陛下と雅子さまのことを「誤解を怖れずに云えば、似た者夫婦なのだと思う」と書いたのは、評論家の福田和也さんだ（『美智子皇后と雅子妃』文春新書）。小さな頃から「孤独」を引き受け、親と周囲の期待に応えてきた、という点に注目しての記述だ。

陛下は天皇家の長男として、弟である秋篠宮さまとは違う育て方をされている。秋篠宮さまが生まれた一九六五年（昭和四十年）、上皇さまは三十二歳の誕生日にあたっての記者会見で「上の方（現在の陛下）は自由に、下の方（秋篠宮さま）は窮屈にとの方針で育てたいと考えています」と答えている。

だが実際は、そうとばかりはいかなかった。陛下の高校時代、国語を教えていた小坂部元秀さんが父母面談の席で、課題の作文について話したというエピソードは有名だ。個人の感情があまり出てこないという小坂部さんの指摘に、美智子さまは「長男なのでいろいろと細かい点を注意したため、のびのびしたところが多少不足するようになったかもしれません」と答えたというのだ。

雅子さまも、母が外交官の妻として不在がちだったことに加え、双子の妹を持つ姉として、小さな頃から聞き分けのいい「手のかからない子」だった。結婚前に、そう両親が証言している。そういう二人が出会われ、結婚された。「雅子さんのことは僕が一生全力でお守りしますから」という決め台詞が、外務省のキャリア官僚だった雅子さまの心を動かした。

雅子さまの友人の土川純代さんのことも、五月一日のＮＨＫの番組に出演したとすでに紹介した。番組の中で土川さんは、雅子さまが陛下との結婚に悩まれている頃の話もしていた。大手銀行の総合職として、社宅に住んでいた土川さん。社宅は雅子さまの実家のすぐ近くだったので、「何も聞かないでね」と言って雅子さまが訪ねてくることが何度もあったそうだ。その話をして土川さんは、こう語った。

「陛下のまっすぐなお気持ちにお応えになりたいということと、常に何か人の役に立ちたいお気持ちがずっとおありと思う。そちらがやはり決定的にあり、合わせて総合的に決断されたと思います」

プロポーズの言葉を守り続ける

婚約が決まった皇室会議後の会見で皇太子さま（当時）は、初対面の時の雅子さまの印象について、「非常に強いというか、いい印象を受けました」と述べられた。具体的には、「控えめだが思っていることをはっきり言う」「非常に聡明」「心が通じ合う」と感じたと明かされた。続けて五年後に再会した時のことを、こう語った。

「外交官として非常に大切な仕事をしているせいか、人間として一回りも二回りも大きくなったような感じがして、非常にうれしく思ったわけです」

働く女性の成長がうれしい。三十年近く前にそう語った陛下。その発言が今も貴重に感じられるほど、現実は女性に優しくない。そのことを証明しているのが、「女性活躍担当」大臣の存在だろう。

女性が活躍していれば、そんな大臣はいらない。令和になって最初に組閣された安倍晋三内閣の女性活躍担当大臣は、五輪メダリストの橋本聖子さん。「東京オリンピック・パラリンピック担当」があって、「女性活躍担当、内閣府特命担当（男女共同参画）」がぶら下がっている。

陛下は、キャリアを得た雅子さまを愛した。父である上皇さまが「民間出身」の美智子さまを選んだのと同じように、それは「日本一の旧家」である皇室に新しい風を入れることになった。新しい風を入れるために選んだのでなく、それは日本一の旧家を担う者としての本能のようなものかもしれない、などと思う。

以来陛下は、雅子さまへの愛を表現することをためらわない。「雅子のキャリアや、そのことに基づいた雅子の人格を否定するような動きがあったことも事実です」というのは、二〇〇四年（平成十六年）五月、ヨーロッパ訪問を前にした会見での発言だった。雅子さまの病名が「適応障害」と発表されたのは、その二カ月後。妻が病を得るまで追い込まれている。そのことを、与えられた場で訴える。妻を守るための作戦だったと思う。

この発言は世の中に衝撃を与え、「人格否定発言」などと称されるようになる。その年、秋篠宮さまが誕生日の会見で「記者会見で発言する前に、陛下（上皇さま）とその話をすべきではなかったか」と語り、上皇さまも「何回か皇太子（陛下）からも話を聞いたのですが、まだ私に十分理解しきれぬところがあり」という表現をされた。波紋は大きく、雅子さまへの批判も高まった。私的活動はできるのに、なぜ公務はできないのか。宮中祭祀もしていない、勤労奉仕へのご会釈もしていないではないか、と。

だが、陛下は雅子さまを守り通した。その気持ちは人格否定発言から約一カ月後、宮内庁長官を通じて発表した補足説明の文書での、以下の発言に尽きるのでないかと思う。

「私は、これから雅子には、本来の自信と、生き生きとした活力を持って、その経歴を十分に生かし、新しい時代を反映した活動を行ってほしいと思っていますし、そのような環境づくりが一番大切と考えています」

陛下が雅子さまの何を愛し、どういう仕事をしてほしいと思っているのか。わかりやすい「雅子とともに」スピリッツの表明だろう。

婚約が決まった皇室会議後の会見で、雅子さまが明かした「僕が一生全力でお守りします」というプロポーズの言葉。とても有名な台詞だが、全文を紹介しよう。

「（結婚を）考えている過程で、殿下からは、私の心を打つような言葉はいくつかいただきました。そのひとつは、これは十一月の後半だったと思いますが、『皇室に入られるには、いろいろな不安や心配がおありでしょうけども、雅子さんのことは僕が一生全力でお守りしますから』とおっしゃって下さいました」

　これまでのお二人を振り返れば、その時の約束を陛下はずっと守ってきたとわかる。プロポーズの言葉をずっと守る。そんな良い夫が、一体どれほどいるだろう。陛下は、そういう方だ。そして、「妻への愛」を堂々と表現し続けている。

だからこそ、ためらわず、ラブ中心で「令和流」を作っていただきたいと思う。家族の愛。自己愛。愛は当たり前にあるものではない。そう感じさせられる出来事が、次々と起こる昨今だ。お二人の互いへの「愛」が感じられる場面が増えれば増えるほど、国民の共感も広がっていくはずだ。

　令和もずっと「雅子とともに」。

4　トランプ大統領来日からのジャンプ

大統領夫妻に対する堂々とした振る舞い

令和が始まる五日前、お代替わりは日本人にとって「スーパーボウルの百倍大事な」行事だということが明らかになった。二〇一九年（平成三十一年）四月二十六日のことだ。

教えてくれたのはアメリカのトランプ大統領で、そう計算したのは日本の安倍晋三首相。新天皇の即位に合わせ来日するよう招待された時、大統領は「行けるかどうかわからないが、あえて質問していいか。スーパーボウルと比べ、日本人にとってどれだけ大事な行事なのか」と尋ねた。返ってきた答えが「百倍大事な行事」だったそうだ。

ホワイトハウスでの日米首脳会談で記者団を前に語ったというのだから、トランプ大統領は堂々とした人だ。悪びれたところが一切ないのが、かえってすがすがしい。そう表現しておこう。安倍首相という人のことは、どう表現すればいいのだろう。目的のためなら手段を選ばない人。それでいいだろうか。

といったこともこれあり、斜めな視線で「令和になって初の国賓」であるトランプ大統領夫妻の来日を眺めていた。とはいえ、朝からテレビは刻一刻と皇居の様子を中継している。そうなればやはり見てしまい、見ているうちに引き込まれていったのはやはり、雅子さまの堂々たる振る舞いがあったからだ。

五月二十七日午前九時過ぎ、皇居南車寄せで天皇陛下と並んだ雅子さまは、アイボリーの三つボタンのスーツに同じ色の帽子、真珠のネックレスをされていた。陛下の左隣に立ち、トランプ大統領と妻のメラニアさんを待っていた。

夫妻が到着、真っ赤なネクタイをした大統領が陛下と握手をする間に、雅子さまは陛下の右隣へと移動した。陛下との握手を終えた大統領は、次に雅子さまと握手を交わした。大統領はまっすぐ手を伸ばして雅子さまと向き合う形になったので、そのための移動とわかった。

東庭での歓迎式典の間も、会見する「竹の間」への移動でも、雅子さまは隣にいるメラニアさんに折に触れて声をかけていた。

「こちらですよ」

「前に進みましょう」

聞こえてきたわけではないが、メラニアさんが慣れない儀式で戸惑わないよう、そんなふうに気配りの声をかけているように見えた。

十センチは優にありそうな真っ赤なピンヒールを履いたメラニアさん。真っ白なワンピースだったから夫のネクタイ同様、日の丸を意識したのかもしれない。そんなメラニアさんに、雅子さまは何度も右手を差し出した。腰に手を回すような仕草で、堂々とした中に優しさの感じられるエスコートぶりだった。

会見は音声なし、映像だけの中継だったが、雅子さまとメラニアさんの後ろに座った通訳が手持ち無沙汰にしていたから、雅子さまが英語で通したことがわかった。

宮中晩餐会でも雅子さまは、お疲れの様子もなく、はじけるような笑顔を何度も見せた。ノースリーブのロングドレスに透ける素材のロングスリーブを重ね、そこには花があしらわれていた。アメリカの国花のバラで、相手の国を思っての装いだ、美智子さまも訪問国の国花をあしらった装いや、国旗を基調にした装いをしていて、その心を引き継がれたものである。そう解説するテレビ局もあった。

ＮＨＫの午後七時からのニュースは晩餐会を中継したのだが、始まるまでの時間で陛下と雅子さまのエピソードを紹介していた。トランプ大統領から陛下に八十年以上前に作られたビオラが贈られ、雅子さまが「今夜、お弾きになられたら」と言ったというのだ。

雅子さまのユーモアある提案。令和になり、「雅子とともに」が一層、像を結んできたと思った。お二人の、対等な関係が伝わってきた。

上皇さまと美智子さまが一緒に行動される時、美智子さまは常に一歩下がっている。実際はそうばかりではないかもしれないが、そんなイメージがある。繰り返しになるが、昭和一桁生まれ同士にとってそれが自然な姿だったのだろう。だが、陛下と雅子さまは一九六〇年代に生まれている。一歩下がるスタイルは似合わない。

晩餐会で陛下は、ご自身のアメリカでの思い出について述べられた。そして「皇后も、幼少の時期をニューヨークで、また、高校、大学時代をボストン郊外で過ごしており、私どもは貴国に対し、懐かしさと共に、特別の親しみを感じています」と続けられた。

陛下のことだから、雅子さまについて語るのは驚きではないのだが、それでもやはり特別な感慨を得た。雅子さまの道を振り返るなら、「皇室外交」こそがボタンの掛け違いの始まりだったと思うからだ。

皇室外交という「ボタンの掛け違い」

雅子さまと皇太子さま（当時）は、結婚翌年の一九九四年（平成六年）にご夫妻で中東四カ国を公式訪問した。次の外国訪問は二〇〇二年（平成十四年）のニュージーランド、オーストラリアで、これは愛子さまが誕生した一年後。八年も間が空いた。豪州出発前の会見で雅子さまは「外国に参りますことが、（略）私の生活の一部となっておりましたことから、（妊娠、出産、育児の時期を除いた）六年間の間、外国訪問をすることがなかなか難しいという状況は、正直申しまして私自身その状況に適応することになかなか大きな努力が要ったということがございます」と述べた。

それから十七年。令和になり、ネットニュースの世界で雅子さまの記事が大人気だと聞く。お代替わりの儀式や最新の公務を伝える記事はもちろんだが、中東訪問時のお写真が特に若い女性に人気なのだそうだ。

たとえばサウジアラビアの「赤い砂漠」を歩くグリーンのロングジャケットの雅子さま。紺の縁取りが施されたそのジャケットの上から、紺の長いストールをフワリと巻いている。帽子もグリーンと紺色で、実に決まっている。カタールのドーハ空港に降り立った時は、帽子からパンツまでが鮮やかな赤、靴とクラッチバッグだけが黒だった。

「結婚した頃の雅子さまを知らない世代が、ファッショナブルな雅子さまに驚いている」

ある編集者は、そう分析していた。確かに中東での雅子さまは、最近ではお召しにならないようなインパクトのある色の服をたくさん選んでいる。どれもがはっきりした顔立ちによく似合っているから、当時をリアルタイムで知らない人には強い印象を与えるだろう。

だけど人気の理由は、ファッショナブルさだけではないと思う。雅子さまがいきいきされているのだ。皇室という自ら選んだ新しい道で、得意の外交ができている。その喜びに輝いている。だが、それ以降、期待されたのは「お世継ぎ」。そのことを率直に語る元皇室医務主管の金澤一郎さんの証言は、すでに紹介した。

中東訪問から七年、愛子さまも生まれた。それでも記者会見で「外国訪問をすることがなかなか難しいという状況」への適応に努力が必要だったと雅子さまが語ったのは、置かれている環境へのSOSの発信だったのだろう。今ならそうわかるが、当時そのことに気がついていたのは陛下だけ。翌年の十二月から、雅子さまの闘病が始まった。

そんな過去を振り返ると、トランプ大統領夫妻を前にした雅子さまの威風堂々たる様子が頼もしく見えた。安定感と自信のようなものが感じられ、皇室外交という「ボタンの掛け違い」とも折り合いがついたのだなと思えた。

「日本人」「国民」の範疇を超えて

大統領夫妻との行事が終わった翌日、放送大学教授の原武史さんに話を聞きに行った。お代替わりにあたり原さんが、「令和時代の皇室の鍵を握るのは雅子皇后」と述べていたからだ。体調が戻らなければ天皇の権威化が進み、回復すれば新しい皇室像を打ち立てる可能性があるだろうという見方だった。

雅子さまの皇室外交デビューは、新しい皇室像につながるものだったかと尋ねた。令和の皇室が平成とは違うものになる可能性を感じる。それが原さんの答えだった。

通訳をはさまず対応をする、つまり完璧な英語を話す姿から、雅子さまは「日本人」「国民」という範疇だけでものごとを考えているのではないように思えた。日本にはすでに多くの外国人がいて、ますます増えていく。明治以来の「国民、国家」という観念が揺らぎつつある時代になっていることは明らかで、そういう時代だからこそ逆に雅子さまの存在感が浮上する可能性もある。そう原さんは分析した。

ただし、前提として「トランプ大統領を初の国賓として迎えたのは、日米同盟強化のための皇室利用のようで釈然としない」とも語った。確かにその通りだ。冒頭に書いた「スーパーボウルの百倍」など、違和感ありまくりだ。だが、トランプ夫妻の来日は、雅子さまにとって援軍だったと思う。

精神科医の斎藤環さんも令和以降の雅子さまの好調ぶりについて、「トランプ大統領の来日で良いスタートダッシュを切れたことが大きかった」と語っていた。斎藤さんが皇太子妃時代の雅子さまの病を「実存のうつ」と見立てていたことは、すでに書いた。

生きる意味を見失っていた皇太子妃時代を経て、令和の幕開けとともに念願の皇室外交が実現し、通訳なしの堂々たる姿を国民に見せることができた。国民にこれだけ強い印象が残っているのだから、自身にも大きな意味があったはずだという分析だった。

ありのままの姿が国民に広がる

斎藤さんが語る「雅子さまの好調」については、また改めて書く。私は個人的には「期日奉告の儀」がホップ、「トランプ大統領夫妻来日」がステップになったと思っている。ジャンプは何かというと、六月一日から二日までの愛知県への即位後初の地方訪問。そう思う道筋を、少し説明してみる。

雅子さまと宮中祭祀については、すでに書いた。苦手とされていたことを無事に済まされ、国民に安堵が広がったから「ホップ」。大統領夫妻来日で斎藤さんの言葉通り、国民に「強い印象」を与え、雅子さまにも大きな自信になったはずだから「ステップ」。

愛知県訪問が「ジャンプ」になったと確信したのは訪問から二週間後、六月十五日のことだった。陛下と雅子さまとある少女のつながりが、朝日新聞夕刊一面のトップ記事になっていたのだ。

少女の名前は、小林咲《さ》貴《き》ちゃん。愛知県三河青い鳥医療療育センターに入所している七歳だ。出産時のトラブルがもとで脳性まひを患い、五度の手術を受けた。テレビで即位を祝う一般参賀を見て「そくいおめでとうございます。わたしはリハビリをがんばってます」と手紙を書いた。母の智子さんが「娘が不自由な手で書いた手紙です。無礼を承知で出しました」と添えて投函した。そのような経緯が書いてあった。視察当日、陛下が「お手紙ありがとう。うれしかったですよ」と咲貴ちゃんに声をかけ、雅子さまは「すごく頑張っているのね」と話されたと続いていた。

むやみに感動した。咲貴ちゃんの手紙がきちんとお二人に届き、お二人が咲貴ちゃんと話し、それが記事になった。雅子さまの闘病で一番足りなかったのは、国民への率直な説明だったと思っているからだ。

プライベートなことはできるが、仕事はできない。それが「実存のうつ」の特徴だという斎藤さんの解説を知り、「なぜ宮内庁はそれを説明しないのか」と密かに憤った。説明しないから「怠けている」と批判される。雅子さまをめぐる「広報戦略」がなさすぎた。そのことは、前著『美智子さまという奇跡』に書いた。

そのような目から咲貴ちゃんの記事を読んだ。お二人のありのままの姿が、国民に広がっていく。確かな広報であり、静かだが大きな変化だと思った。

もう一つ、「ジャンプ」だと思った理由がある。愛知県滞在中、雅子さまがずっと笑顔を見せていたのだ。皇太子妃時代、「宮中祭祀」のほかに「写真撮影」も雅子さまは苦手とされていた。適応障害の症状の一つとして、大勢の人に見られる状況が得意でないのだ、と。

愛知では、陛下と雅子さまの行くところ、どこも大勢が集まっていた。雅子さまは、ずっと笑顔で、手を振られていた。雅子さまはこれから、どんどん国民とつながることができる。その姿を見て、そう思った。そしてそれ以来、待ち受ける大勢の人に笑顔で手を振るのは、雅子さまの定番になった。
ホップ、ステップ、ジャンプ。その先の雅子さまの物語は、まだ続いている。

第2章

ファッションに見る主張と継承

1　スカーフからの長いトンネルを抜けて

胸元のファンタジスタ

「皇后雅子さま、胸元のファンタジスタ」。そんな見出しのグラビアが掲載されたのは、「女性セブン」二〇一九年（令和元年）七月十一日号だった。

雅子さまの写真が七点、載っている。そのうち令和になってからの写真が三点。短いリードがこんなふうに始まる。

「天皇皇后両陛下のご公務を拝見していると、雅子さまのファッションのファンタジスタぶりに感嘆するばかり。暑い季節に向かって淡色を多用され、胸元のコーディネートがお見事」

ストールと、ネックレス。雅子さまの首回りの装いに注目し、コーディネートのポイントを解説する。そんな内容だった。ファンタジスタという言葉の後ろに、小さな活字で「イタリア語で天才的なサッカー選手に対する賛辞。広義に多芸多才」と説明されていた。意味は正確に知られていないが、明るく華やかな響きの言葉。使いたくなる編集者の気持ちがわかった。たった二ページのグラビアに、気持ちが弾んだ。

緊張しながら雅子さまを見る。そんな国民の目から、力が抜けた。その証のように思えたのだ。お加減はどうだろうかと恐る恐る拝見していた雅子さまは、もういない。ファッションを愛《め》でたり、参考にしたり、そういう雅子さまがいる。失礼な表現になるかもしれないが、その気楽さに、雅子さまと国民、どちらもが長いトンネルを抜けたと実感した。

二十六年前を思い出した。雅子さまがまだ、皇太子さま（当時）との結婚が決まったばかりの「雅子さん」だった頃。そのファッションは注目の的で、連日連夜、報道された。中でも注目されたのが胸元、スカーフだった。

その頃に、時計の針を戻してみる。

カメラが追いかけたフィアンセ

小和田雅子さんという外務省北米二課の職員が、皇太子妃に内定した。そうワシントン・ポストがスクープしたのは、一九九三年（平成五年）一月六日だった。その二日後、雅子さんは初めて外出した。オフホワイトのロングコートを着ていた。メディアの代表者が「国民のみながおめでとうと言っております」とマイクを向けると、「そうですね、でもまだ正式には決まっておりませんので」と答えた。晴れやかな表情で、すごくきれいだった。

このコートはイタリアのＨＥＲＮＯ（ヘルノ）というブランドのものだとすぐに報じられ、以来外出のたび、雅子さんは写真に撮られた。小和田邸はコンクリート打ち放しの一軒家。

だから背景にはコンクリートの壁が写り、そのモダンさと雅子さんの「外務省勤務のキャリアウーマン」という経歴がマッチし、「絵になる外出」だった。

「雅子さんとスカーフ」の始まりはいつだったろうか、と当時の女性週刊誌をチェックしてみた。皇室会議が開かれ、皇太子さま（当時）と雅子さんの婚約が正式に決まったのが一月十九日。「女性セブン」の二月二十五日号は「皇太子さま（32）と小和田雅子さん（29）がフィアンセになられて3週間。デートの間隔が近くなってます」という文章を添え、グラビアページに雅子さんの写真七点を掲載している。うち六点が小和田邸前での写真で、見出しは「表情を変える雅子さんのコート　スカーフでバッグでイメージ・チェンジ」。

「スタンドカラーのコートは、ドイツのＪＯＢＩＳ（ヨビス）のもので、バッグと靴は紺でまとめて」と解説された写真の隣には、同じコートを着た別の写真。「何日かおいてのデート。上のボタンをはずして春らしい花柄のスカーフをアスコット風に結んでいます」と、着まわし方法を解説する。同じ号の二百三十ページからは「'93春のファッションは『シンプル＋女らしさ』胸元に光る雅子さん流スカーフ術12」という記事。結び方のわかりやすい図解も載せていた。

三月十二日から、雅子さんのお妃教育が始まった。その時に持つことの多かった大振りのバッグが「パロマ・ピカソ」というブランドだということが話題になった。だが、やはり人気はスカーフだったらしく、三月十八日号には「大好評第2弾　雅子さんスカーフ色使い結び方を全図解！」が載っている。四月八日号は「大好評第4弾」だったが「雅子さんの『カチューシャ』『バレッタ』を素敵解明！」で、さすがにスカーフは息切れか、などと楽しく眺めた次第だ。

当時私は「週刊朝日」の記者をしていたが、「雅子さんのスカーフを載せると女性誌は売れる」と聞いていた。だから令和になって、「女性セブン」が「胸元のファンタジスタ」でストールを特集したのを見て、その頃の数字が編集部に残っていたかもしれないと思ったりもした。

四月十二日には「納采の儀」が行われ、私はこのタイミングで初めて雅子さんのファッションに関する記事を書いた。きっかけは、その日の振袖姿。「キャリアウーマンだった雅子さんとあまりに違う」と衝撃を受け、あれこれ取材をした。念頭には皇室会議後の記者会見でのカナリア色のワンピースもあった。「スーツでない」雅子さんにかなり驚いた。

見出しは、「やっぱりアチラの人になってしまった」。雅子さんの三歳上の、一人の働く女性としての実感だった。

二十数年ぶりに記事を読み返してみた。雅子さんが小和田邸を出るたびにカメラが追うこと、それを女性誌やワイドショーが毎日のように特集することに触れたのち、「宮内庁からは、お妃教育のたびに写真を撮ることをやめてもらえないか、というお願いがマスコミ側にあり、

『本人が衣装を替えるのにプレッシャーを感じている』という事情も伝えられた」と書いていた。すっかり忘れていた。皇太子妃になられてからの雅子さまを思い、複雑な気持ちになった。雅子さまの「長いトンネル」の入り口は、もしかしたらここだったのではないかと思ったのだ。

一九九四年（平成六年）二月、雅子さまは皇太子さま（当時）と二人で記者会見に臨んだ。婚約決定の皇室会議から一年ということで、ご成婚から八カ月のタイミングでの会見だった。

「皇室に入られてから一番苦労されたことは」と尋ねられ、雅子さまはこう答えている。

「難しゅうございますね。多分やはりこれまでの自分の人生の中でなかったような場面というのが色々ございまして、といいますのは、例えば、常に人に、大勢の人に見ていられるというような状況は今まで経験したことはございませんでしたので、そういったことで少し最初のうち驚きを感じたりいたしました」

雅子さまが「適応障害」だと発表されたのは、それから十年後の二〇〇四年（平成十六年）七月。その頃から「雅子さまは写真が苦手」という情報が伝えられるようになった。外務省勤務時代から「お妃候補」としてカメラに追いかけられ、トラウマになっているようだとされていたが、それだけだろうかと思う。

「それは、私の仕事だろうか」という悩み

令和になって最初のお正月、雅子さまの田園調布雙葉時代の恩師二人をテレビで見た。小学校と中学校の先生だったが、二人とも雅子さまのことを「写真を撮ろうとすると、スッと脇か後ろに下がる子どもだった」と語っていた。画面に映った集合写真の中の雅子さまは、確かに後ろの方の一番左端に写っていた。

そういう女の子が大きくなり、皇室に嫁ぐ。結婚して八カ月で「人に見られる」驚きを語った。その日は同時に公務の喜びやプライベートでの楽しみも語っていたが、それから次第に悩みを募らせていったのだろう。今から思えば、その最初の芽が、婚約時代の「衣装替えのプレッシャー」だったのではないかと思うのだ。

雅子さまはもっと働きたかった。平成の時代、そう繰り返し指摘していたのは、精神科医の香山リカさんだ。病名発表から五年経った二〇〇九年（平成二十一年）に出版された著書『雅子さまと「新型うつ」』（朝日新書）で、こう述べている。

〈雅子さま世代の女性、とくに優秀で周囲からの期待も高い女性にとっては、結婚でも出産でもファッションでもなく、仕事こそが「自分らしさ」の実現の最大の手段である。
（略）むしろつらいのは、「そんなにがんばらなくてもよい」と言われ、自分の努力の結果とは言いがたいファッションや髪型をほめられたり、自分でなくてもできるように見える〝お手振り〟に人々が歓喜することだったのではないか。〉

そう、婚約時代の「衣装替えのプレッシャー」も、新婚時代に「驚いた」という「人に見られる」も、つまり「それは、私の仕事だろうか」という悩みの芽だったのではないか。今だから、そう思う。闘病中、雅子さまは「写真が苦手」を募らせた。駅などで待ち受ける「追っかけ」ファンに、警備担当者が「フラッシュをたかないでください」と注意する。それが日常になっていった。令和になり、自分の書いた記事を読み直し、そこへ至る道のりをつらつらと考えた。

ただ婚約時代を振り返ってはっきり言えるのは、日本中がウキウキしていたということだ。きれいで、超優秀な人が皇太子妃になる。小和田邸前の雅子さんの写真を見るたび、みんなが明るい気持ちになっていた。雅子さまの気持ちより、国民の喜び。報道する側の事情をまとめるとそうなるが、実際問題として雅子さまが悩んでいると思っていた人などいなかったし、雅子さま自身が「悩み」の意味を自覚するのは、もっとあとのことだったろうとも想像する。

いるだけで意味がある存在

話を今に戻そう。お代替わりが決まって以来、雅子さまは公務の幅を広げていった。令和になり、宮中祭祀を無事済ませ、初の皇室外交を堂々とこなし、泊まりがけの地方公務も終えた。

そんな雅子さまを見る国民の気持ちは、「女性セブン」二〇一九年六月二十日号がこう代弁している。「もう大丈夫！　自信のロイヤルスマイル！」

令和最初の地方公務、愛知県三河青い鳥医療療育センターで入所児の手に触れる雅子さまの写真が、大きく載っていた。まっすぐに入所児の目を見つめる雅子さまは明るく、そして優しい表情だった。

前章の最後にも書いたが、愛知県で陛下と雅子さまは大勢の人に出迎えられた。駅でも沿道でも、みんなが「陛下ー」「雅子さまー」と歓声を上げ、スマホにお二人の姿を収めようと手を伸ばした。「苦手」とされた状況だったが、雅子さまはずっと笑顔で手を振っていた。

何が雅子さまを変えたのか。精神科医の斎藤環さんを訪ね、意見を聞いた。雅子さまの病は「実存のうつ」だと解説してきた斎藤さんのことを、前著で「雅子さまの広報担当」になってほしいと書いた。雅子さまは皇室で生きる意味を見失ったのではという指摘など、すべてが腑に落ちたからだ。

雅子さまの令和以後の変化を、斎藤さんは「人前に立つことに意味があると、はっきり感じられるようになったのだと思います」と語った。天皇というのは、「地位」と「機能」が一致している存在だ。組織のトップなら「形だけの存在」もありえるが、天皇にはない。地位にあることが、機能していることになる。「象徴」とはそういうもので、皇后もそのことを自覚したのではないか。斎藤さんは、そうとらえていた。

例にあげたのが、災害だった。平成以降、増え続ける災害。自分たちは被災者を励ます存在で、つまりいるだけで意味がある。そういう存在だから、自分を見せる、見てもらうことに意味がある。そのことに気づかれたのではないか、と。

その構図は、皇太子妃時代も同じだったのではないかと質問した。「もちろんそうだし、周囲からそういう説明を受けてもいたでしょう。だけど、実感できなかった」と斎藤さんは答え、こう説明してくれた。

もともと自己肯定感も高かったであろう雅子さまという方が、皇室では自分本来の能力を使う機会もなく、想定外の機能やスペックを求められた。その最たるものが「男子出産」で、できないからとバッシングをされてしまった。だが、皇后になり、自分の存在感を実感できた。明るい表情から地位と自己評価の一致がうかがえる、と。

やはり斎藤さんは、雅子さまの広報担当にふさわしい。

カメラの前でのほほ笑み

「胸元のファンタジスタ」に戻ると、このグラビアが「女性セブン」に載ったのは「もう大丈夫！　自信のロイヤルスマイル！」から三週後だ。雅子さまが「存在感」を実感できるようになったからこそ、国民は肩の力を抜いて雅子さまをウオッチできるようになった。

婚約時代から時が流れ、「スカーフ」ではなく「ストール」が主流となった。だから、「ファンタジスタ」のグラビアには、こんな文章があった。

「フリンジ付きのストールには涼やかなブルーの花が描かれている。展覧会のテーマに合わされたのでしょうか」

白のパンツスーツにふわりとストールを巻いた、三の丸尚蔵館「慶びの花々」展を鑑賞する雅子さまの写真への説明だ。この鑑賞は六月十九日。二日後、二十一日の港区立麻布保育園ご訪問の写真、二十四日の日本芸術院授賞式ご出席の写真も載っている。それぞれの訪問先に合わせた真珠のネックレス選び。その解説もされていた。

雅子さまの行くところ、カメラあり。そしてカメラの前で、雅子さまはいつもほほ笑んでいる。

2　グレーのストッキングとお団子ヘア

全国戦没者追悼式での雅子さま

令和になって初めての夏、雅子さまはグレーのストッキングをはき、お団子ヘアだった。雅子さまを見る目から力が抜け、そんな「発見」をした。雅子さまは何を継承し、何を変えていくのだろう。そんなことを考えるきっかけになった。

始まりは八月十五日、令和初めての終戦の日だった。陛下と雅子さまは全国戦没者追悼式に出席された。戦後生まれの天皇陛下と皇后雅子さまがどのように「戦争」と向き合うのか。同年代の一人として知りたいと、テレビ中継をじっと見た。

安倍晋三首相の式辞の後、お二人は戦没者を祀る式壇の中央に向かって歩かれた。正午の時報を合図に一分間の黙禱、そして陛下による「おことば」。その間、テレビ画面はお二人の姿を横、そして後ろからとらえていた。

その時、雅子さまがグレーのストッキングをはいていることに気づいた。そして、これは美智子さまの「思い」を受け継がれた証かもしれない、と思った。

その説明の前に、陛下の「おことば」について書く。この日、陛下は「深い反省」という言葉を使い、「戦後の長きにわたる平和な歳月に思いを致しつつ、ここに過去を顧み、深い反省の上に立って、再び戦争の惨禍が繰り返されぬことを切に願い」と述べられた。

上皇さまが戦後七十年にあたる二〇一五年（平成二十七年）の式典から使われたのが、「深い反省」だった。安倍首相が決して触れない加害責任を、上皇さまが語る。そのような構図になっていた。陛下は、その構図ごと引き継がれた。そして陛下の隣に、グレーのストッキングをはいた雅子さま。それは美智子さまの「定番」だった。手元にある「女性セブン」特別増刊号（二〇一四年十一月十三日号）を見ながら、説明していく。

皇室に嫁いだ民間女性としての「解」

二〇一四年（平成二十六年）は美智子さまが傘寿を迎えた年で、表紙には大きく「ご生誕80年　美智子さまの来し方　雅子さまの明日」と刷られている。文字の右側には、その年の六月、沖縄訪問時の美智子さまの写真。白を基調としたスーツと小さな帽子には、上布と言うのだろうか、沖縄らしい生地がアクセントにあしらわれている。そして、はっきりとグレーとわかるストッキング。

表紙をめくると、「天皇皇后両陛下『愛と信頼』アルバム」と題したグラビア。美智子さまご成婚以来の、節目節目の写真が並ぶ。はっきりグレーとわかるストッキングの写真は二点あった。

最初が一九七七年（昭和五十二年）、浜名湖でのご一家の夏休み。美智子さまは花柄のアップリケのついたひざ下丈のスカートにグレーのストッキング、白のハイヒールをはいている。次は一九九一年（平成三年）、インドネシアのボロブドゥール寺院で陛下と手をつながれている写真。アジア三カ国ご訪問での一コマで、美智子さまはバティックのスカートにグレーのストッキング、同じく白のハイヒール。バティックはジャワ更紗とも呼ばれていて、寺院のあるのがジャワ島だから、「ご訪問先の文化に敬意を払われる美智子さま」と説明が添えられている。

この特別増刊号の最後もグラビアで、こちらのタイトルは「同じ運命を分かち合って」。美智子さまと雅子さまがご一緒の写真が並ぶ。

そこにはグレーのストッキングとわかる美智子さまの写真が四点。最初が一九九四年（平成六年）五月の東京・明治神宮会館（全国赤十字大会）。次が二〇〇三年（平成十五年）の赤坂御苑（春の園遊会）、そして二〇〇七年（平成十九年）と二〇一二年（平成二十四年）の東京国際空港。いずれの写真でも、雅子さまのストッキングの色味は写っていない。つまり、ナチュラルベージュのストッキングだったと思われる。

皇太子妃時代の美智子さまは、主にベージュのストッキングをはいている。昭和五十年代にグレーを取り入れ、徐々に公私どちらの場面でもグレーのストッキングが増える。そして皇后になられてからは、ほぼグレーで通されている。以上、この一冊からわかる、美智子さまとストッキングの歴史だ。

　美智子さまのストッキングの色のことを私が最初に聞いたのは、平成が始まってあまり経っていない頃だった。宮内庁担当のある女性記者が「両陛下を近くで取材してまず驚いたのが、美智子さまのグレーのストッキングだった」と話していたのだ。彼女はこう分析した。

「ベージュのストッキングだと、肌の色が出て生々しい。黒だと変に目立ってしまう。生々しくもなく目立ちもしない。それがグレーのストッキングなんだろうと思います」

　得心のいく解説だった。同時に美智子さまが皇室に嫁いで以来の苦労というものを思った。小さなことも一つひとつ模索し、答えを見つけていったのだな、と。

　美智子さまのファッションは、さまざまに論じられている。この増刊号にも、「美智子さま〝装いの心得〟」という記事が載っていた。ファッションには一貫して「ふたつの思い」が込められている、一つが質素倹約の精神、もう一つが日本の伝統の精神だ、とあった。

　その通りなのだが、では日本の伝統を生かした服装を質素倹約しながら着ていくとして、ストッキングはどうすればよいのか。民間から皇室に嫁いだ初めての女性として、皇族にふさわしいファッションを模索し、直接または間接的に国民の目に触れることを前提に、ストッキングはグレーという「解」にたどり着いたのだと思う。

引き継ぐもの、新しくするもの

さて、話を全国戦没者追悼式に戻す。昨年まで出席していた美智子さまは、上皇さまとともに戦争と向き合い続けた。沖縄には十一回訪問し、「戦後六十年（二〇〇五年）」にサイパン、「戦後七十年（二〇一五年）」にパラオ、翌年一月にフィリピンと、慰霊の旅を続けられた。

雅子さまは、皇后として初めて出席した全国戦没者追悼式で、ストッキングを「美智子さまの定番」とした。陛下の「深い反省」同様、上皇さまと美智子さまが大切にされた「戦争への思い」を引き継ぐ。そのことの表れとして選んだのではないか、と思ったのだ。

ストッキングなどしょせん、場所や服装に合わせて選ぶもの。そういうご指摘があることは承知している。追悼式の雅子さまは、帽子も喪服もグレーだったからそれに合わせただけかもしれない。

だけど、意図的に選ばれたと思うのには、こんなこともあった。

追悼式の翌日に朝日新聞が報じていたのが、陛下の戦争への考えだった。お代替わりの前、「戦争を知らない世代だからこそ、風化させないよう一層意識的にならないといけない」という考えを示していたとあった。

上皇さまも美智子さまも、小学生時代に疎開という体験をされている。お二人が持っていた戦争へのリアルな思いを、陛下も雅子さまも持っていない。だから意識しないと、我が事にできない。我が事とするために、意識的になる。陛下の一年後、雅子さまの三年近く前に生まれた者だから、よくわかる。だからこそ陛下が「深い反省」を、雅子さまは「グレーのストッキング」を、どちらも意識的に引き継いだ。そう思えてならないのだ。

同時に「新しさ」のことも考えた。

陛下の「おことば」の中に、変わったところがあった。「終戦以来七十四年、人々のたゆみない努力により、今日の我が国の平和と繁栄が築き上げられましたが」というところだ。一年前の上皇さまは「終戦以来既に七十三年、国民のたゆみない努力により、今日の我が国の平和と繁栄が築き上げられましたが」と述べられている。

「国民」から「人々」へ。日本国籍を持つ国民だけでなく、あらゆる人々。グローバルな視点を持つ陛下と雅子さまだからこその変化。そう感じたのは、私だけではないはずだ。受け継ぐべきは受け継ぎ、変えるべきは変える。そんな令和流が見えてきた。

雅子さまのファッションは、これからどうなるのだろうか。グレーのストッキングを引き継いだその先。雅子さまらしい新しさ。「質素倹約、伝統」が美智子さま流のファッションだったように、雅子さまの精神があふれるファッション。そういうものを見たいなー。

と思っていたところに出会ったのが、お団子ヘアだった。

お団子の高さに見る「今どき」

それは八月十九日、天皇ご一家の夏休み初日、那須塩原駅でのことだった。那須御用邸に向かう前に、駅頭で待ち受けていた人々と懇談するご一家の映像が、ニュースで何度も流れた。その中に、雅子さまと愛子さまの横顔がちょうど並んだ映像があった。

それを見て、気づいた。あ、雅子さまは、お団子ヘアなんだ。

令和になって以来、何度となく雅子さまの映像は見ていたが、「大丈夫かな」が先に立っていたし、帽子をかぶっていることが多く、ヘアスタイル全体に思いが至らなかった。だから、お隣の愛子さまもお団子で、お団子同士のお二人が並んでいるのだと気づく、新鮮な映像だった。

すぐに、美智子さまを思い出した。平成以後の美智子さまのヘアスタイルといえば、「まとめ髪にお皿型の帽子」。皇太子妃時代はさまざまな髪型だったが、そこから最適と判断されたのだろう。和装でも洋装でもオンでもオフでもお団子で、いつも襟足の下でまとめていた。

美智子さまに比べて雅子さまのお団子は、実に微妙な位置でまとめられていた。

このところ、と言ってももう数年来になると思うが、街でも職場でも、お団子ヘアの女性をよく見かける。ファッションの専門家では全くないが、最近のお団子のトレンドは「ふんわり」「高め」だと思う。例えばお笑いコンビ「アジアン」の馬場園梓さん。いつも頭のてっぺんで、ふんわり可愛くお団子にしている。

愛子さまは馬場園さんほどではないが、お団子を高い位置でまとめていた。前に一筋長い髪を残す、今どきの女の子らしいスタイル。雅子さまはといえば、襟足より高め、つまり美智子さまよりは高い位置だが、「今どき」よりはだいぶ低い。そういう位置だった。

雅子さまは、ファッションでも美智子さまを意識していらっしゃるのだな。そう思った。美智子さまという「あるべき皇后像」を見習い、意識する。だけど、少しだけ「今どき」の風を入れる。そういう判断をされたのかもしれない、と。

考え過ぎかもしれない。帽子をかぶることが多い皇后という暮らしに、お団子ヘアは便利なだけで、まとめる位置にこだわりなどない。そう思わなくもない。

だが前章で、新皇后となる雅子さまへの期待が「雅子さまらしさの発揮」と「美智子さま路線の継承」と二つあったことを書いた。お団子の位置に、それを見てしまう。「らしさ」を出すか、「路線継承」か。その二つを背負った雅子さまの「今」を、微妙なお団子の位置に見てしまう。

それにしても、もう少し上の方が「今どき」なのになー。ファッションは、雅子さまらしさの発揮のしどころなのになー。まだ雅子さまはそこまで自分を出せないのかなー。などと思っていたら、テレビから雅子さまの声が聞こえてきた。

駅頭から御用邸に移り、記者とやりとりするご一家の映像だった。「こちらはやはり涼しいですね」という記者の問いかけに、「そうですね」と答える陛下と雅子さまの声が重なった。続いての「風が気持ちいいですね」という声は、雅子さまだけのものだった。

思いのほか、高い声だった。雅子さまの声を聞くのは、二〇〇二年（平成十四年）四月以来のことだから、忘れていたのだ。あの日は愛子さま誕生後の会見で、雅子さまは「生まれてきてありがとう」と語り、涙ぐまれた。その後、体調を崩した雅子さまは会見に臨むことはなくなり、毎年のお誕生日も文書を発表するだけになっている。

それから十七年。雅子さまの声は、明るく響いていた。雅子さまの声を、もっと聞きたい。自分の言葉で、自分の思いを国民に語っていただきたい。国民は雅子さまのありのままを受け止めるはずだ。

国民と雅子さまの関係がまた一歩進めば、雅子さまはもっと違うヘアスタイルにできるかも。短くされても似合うのでは。そんなことをあれこれ思った夏だった。

3 雅子さまのフリル、美智子さまのケープ

お好みのドレスで臨んだ饗宴の儀

二〇一九年（令和元年）十月二十二日、「即位礼正殿の儀」当日は朝から雨が降っていた。午前七時過ぎ、雅子さまは一人で赤坂御所を出発した。オフホワイトのジャケットに同色の帽子。土砂降りにもかかわらず車の窓を開けて、にこやかに会釈をしていた。沿道に待ち受けた大勢の人たちに手を振り、笑みを絶やさなかった。

雅子さまは撮られるということと折り合いをつけることができた、己の存在意義を実感できたから、という話はすでに書いた。とはいえ、この日は別格だと思っていた。なんといっても「即位礼正殿の儀」だ。お代替わりに伴う儀式の中でも超がつく重要なものだから、さぞや負担だろうと心配していた。朝の笑顔に少し安心した。

午後一時、古式ゆかしい装束での儀式が始まった。お二人は「平安絵巻さながら」と何度も形容されたお姿で、陛下は天皇のみが身につける「黄櫨《こうろ》染御袍《ぜんのごほう》」という装束、雅子さまは「唐衣《からぎぬ》・五衣《いつつぎぬ》・裳《も》」を着けた「十二単」姿。そして儀式での雅子さまは何度もまばたきをされていて、皇室に生きるということの大変さを目の当たりにした思いだった。そのことは次章で

詳しく書く。ここでは、雅子さまがこの日にファッションで見せた、「らしさ」の話を書きたい。

この日に予定されていたパレードは、各地で大きな被害をもたらした台風十九号により延期されたが、「即位礼正殿の儀」のあとには「饗宴の儀」があった。出席者は百六十四の国と地域から招待された二百四十九人を含み、約三百人。祝宴のあとには「夜会」もあり、終わったのは日付の変わる直前だった。

それらすべての行事を終えて赤坂御所に戻る時、雅子さまはにこやかだった。疲れていたに違いないが、その様子を見せなかった。安心した。精神科医の斎藤環さんの言葉を借りるなら、「自分を見せる、見てもらうことに意味があると気づいた」雅子さま。「見られる」ことへの意識がぶれなかったからこその、この日の笑みだったと安心した。と同時に、雅子さまの自信のようなものも伝わってきた。このまま雅子さまは進んでいける。そう思えた。

ポイントは、「饗宴の儀」でのシャンパンゴールドのロングドレスだった。色も華やかだったが、それ以上に目を引いたのが襟元のフリルだ。

幾重にも重なり、まるで花びらのように見えた。フリルは、雅子さまお好みのデザインなのだ。十二単での儀式を済ませ、雅子さまお得意のインターナショナルな饗宴の儀。そこに好みのドレスで臨む。頼もしかった。各国の王族や大統領らを前にした雅子さまは、実に堂々としていた。

仕事への自信があるから着られる服

雅子さまとフリルの始まりは一九九三年（平成五年）六月、「結婚の儀」のあとのパレードだ。バラを思わせる大きなフリル付きの半袖ジャケットを、ローブ・デコルテの上に重ねた。デザインは、森英恵さん。雅子さまの顔立ちによく映え、とても華やかだった。

雅子さまはフリルがお好みなのだと実感したのは、「即位礼正殿の儀」をさかのぼること一カ月半、九月七日のことだった。

その日、雅子さまは陛下とともに「全国豊かな海づくり大会」出席のため、秋田市を訪れていた。愛知に続いて令和二度目の地方公務。その晩の歓迎レセプションで雅子さまは上下とも真っ白な、フェミニンなスーツを着ていた。特に目を引いたのがジャケット。襟元から裾、そして袖口にも、ぐるりとフリルがあしらわれていた。

令和になってからいろいろなお召し物を着ていた雅子さまだったが、フリルは初めてだった。珍しいなと思ったあとに、二十六年前のパレードがフリルのドレスだったことを思い出した。皇后になられて四カ月。二度目の地方公務で、自分に似合うお好みの服を選んだのだ、と確信した。

職場における女子の服とは、仕事の充実度のバロメーターだと思う。忙しく余裕のない時は、自分の好みなど二の次になる。自分を振り返るなら、新入社員時代からしばらくは、「何を着れば、正解なのだろう」と心配だった。そこから徐々に仕事に慣れ、まわり出すようになると、好きな服が着たくなった。着てもいいと思えるようになったのだ。仕事への自信ができてきたから、自分を出そうと思え、仕事も洋服選びもどちらも楽しくなった。

雅子さまも、そんな感じになってきたのではないかしら。失礼を顧みず、自分と重ねた。そして、「全国豊かな海づくり大会」から約一カ月、雅子さまのファッションにまた変化があった。

十月一日、東京の憲政記念館で開かれた「海外日系人大会記念式典」だった。陛下とともに出席された雅子さまは、光沢あるオレンジ色のスーツを着ていた。帽子も同じ生地。令和で一番と思える華やかなスーツで、それまで「青」「紺」などの無難な色が多かったのに比べれば、「大胆」ともいえる色だった。目立つ色は、自信がないと着られない。これまた勝手に自分と重ね、そう思った。

それから三週間、雅子さまは「饗宴の儀」でシャンパンゴールドをお召しになった。それから一カ月余、十二月九日のお誕生日に公表された「ご近影」もゴールドのスーツ、年が明けての新年一般参賀ではクリームイエローのドレス。すべて光沢が感じられるもので、雅子さまはどんどん自信を深められ、皇后としての勝負服を目立つ素材とすることにされた。そう確信を深めた。

己を主張しないことを静かに主張する

「饗宴の儀」に話を戻そう。その様子を伝えるテレビが、平成の「饗宴の儀」の映像を流していた。二十九年前の一九九〇年（平成二年）、五十六歳だった美智子さまのローブ・デコルテは、透ける素材のケープが足元まで届くデザインだった。令和になって改めて見たその装いは、実に美智子さま的だと感じた。

ケープを広辞苑で引くと「肩と背を被う、袖なしのゆったりとした外衣。さまざまな丈のものがある」とある。

まさに「さまざまな丈」のケープを、美智子さまはしばしばお召しになっていた。昭和五十年代から取り入れられていたが、その頻度が上がったのは皇后になってから。試しに『皇后美智子さま　傘寿記念写真集』（朝日新聞出版）をめくっていくと、実にたくさん写っている。

ほんの一部を紹介するなら、一九九八年（平成十年）、バッキンガム宮殿でエリザベス皇太后、エリザベス女王、エジンバラ公フィリップ殿下、そして天皇陛下（当時）とご一緒の写真では、ティアラに勲一等宝冠章を身につけた正装で、腰の下あたりまでの透けるケープを重ねている。二〇〇五年（平成十七年）、サイパン慰霊の旅でスコールに見舞われ陛下に傘を差し出す写真では短めの白いケープがついたスーツで、裏地には黒が使われている。二〇一〇年（平成二十二年）、京都・東山天皇陵参拝の写真では、腰あたりまでのケープがついたグレーの喪服。ほかにもたくさん、ケープ姿の写真が載っている。

サイパンでの写真からわかるのは、ケープは動きやすく、それでいて優雅に見えるということ。美智子さまの服を数多くデザインした植田いつ子さんは、「クラシックな感じのケープをよくお召しなのも、大勢の人々の前でコートを脱ぎ着する動作が大げさにならないよう、というご配慮ですね」と証言している（「文藝春秋」二〇〇三年十一月号「皇后美智子さま51人の証言」）。

そのような機能性がお好みなのだろうと想像はするが、それだけではないように思う。包み、身を隠すケープというものに、いつも上皇さまの後ろに下がって、己を主張しない美智子さまを見るのだ。

精神科医の斎藤環さんは、美智子さまを「宗教的体質による存在感があった」ととらえていた。共感性が非常に強く、自分を無にできる「巫女的体質」と言い換えることもできる、と。そして、美智子さまが近代教育を受けたにもかかわらず、そのような体質を持てたのは奇跡のようなもので、戦争体験が大きく影響していたろうと分析していた。

美智子さまのケープの形を「神父の祭服のようだ」とたとえた人がいたが、斎藤さんの言う

「巫女的体質」と通ずるものがあるかもしれない。個人的には、主張をしないことを、静かに主張する。それが美智子さまにとってのケープではないだろうかと思っている。

並べば陛下よりずっと背が高い

雅子さまのドレスに目を転じよう。

フリルは、強いデザインだと思う。分量が多くなればなるほど目立つし、着る人を選ぶ。雅子さまは、強い。そのことが、ドレスから伝わってくる。

もともと、強い人なのだ。ご自身で「強い」と認識していたかどうかはさておき、ハーバード大学でも外務省でも、努力をし、結果を出してきたのが小和田雅子さんだ。森英恵さんは雅子さんの「強さ」を感じとり、皇太子妃になる日のドレスにフリルをデザインしたのだろう。

ところが皇室に入ってからの雅子さまは、強さを発揮することができなかった。以前と同じように努力をし、結果を出すつもりでも、皇室で一番期待されたのが男子出産だった。努力だけでは、結果は出ない。「適応障害」と診断された。

という話は繰り返さない。平成が終わり令和になり、雅子さまは皇后としてのお披露目の場に、「強い」デザインを選んだ。支えてきたのは、陛下だ。雅子さんが強い人だったからこそ好きになり、妻となってからは覚悟を持って守り通した。

令和になってから、ある三十代の男性と話をした。起業家の彼は、こんなことを言っていた。

「ヒールをはいた雅子さまは、陛下よりずっと背が高い。二人並んだそういう写真をたくさん見て、陛下の人柄がわかった」

天皇という人が、古臭い「男らしさ」にこだわらない人だとわかる。自分たちの年齢は皇室に興味のない人が大半だが、その点には共感できるし、皇室への関心を持つ入り口となった。彼はそう語っていた。

陛下は、雅子さまの背丈を認めている。その男性優位的でない姿勢は、雅子さまの「強さ」にも影響を与えている。彼と話し、そんなことを思った。そんな陛下と歩んでいく雅子さま。ファッションが、ますます楽しみになった。

4　お誕生日の写真が「ばえる」まで

ゴールドのスーツと黄色のクッション

雅子さま、ばえている。

そう思ったのは二〇一九年（令和元年）十二月九日の朝だった。

この日、皇后雅子さまは五十六歳の誕生日を迎えられた。朝からテレビ各局が、宮内庁提供のビデオや写真を流していた。中でも私の目を釘付けにしたのは、雅子さまがお一人でソファーに座っている写真だった。光沢あるゴールドのスーツが雅子さまによく似合っていたが、それだけではない。ソファーに四つ並んだ明るい黄色のクッションと色調が合い、インテリアも含めたトータルコーディネートになっていた。

皇后になって初めてのお誕生日に、「スーツ＋クッション」のおしゃれとは。「インスタ映えを狙った」とは申し上げないが、雅子さまの「余裕」が実感できた。素晴らしい。

順を追って説明する。まずはクッションだが、雅子さまが四十六歳になられたお誕生日から毎年、写っていた。陛下、そして愛子さまのお誕生日の写真にも写っているので、撮影場所である赤坂御所の談話室に「置かれている」クッションに過ぎないのだろう。

雅子さまの写真でクッションの見え方が変わったのは、二〇一七年（平成二十九年）、五十四歳のお誕生日からだった。六月に「天皇の退位等に関する皇室典範特例法」が成立し、お代替わりが決まった。それから半年、雅子さまはワインレッドのロングカーディガン姿で写真に写っていた。裾にプリーツが入った光沢のあるカーディガンで、パンツも同じ色だった。前年までは水色やベージュなど控えめな色ばかりだったから、一挙に写真が華やかになった。

この年の写真で、二つのことを知った。一つは、お誕生日の写真は雅子さまの体調のバロメーターだということ。もう一つは、クッションのパイピングが、どうもえんじ色のようだということ。写真全体にまとまりが出ていて、なぜだろうとしげしげ見た結果、雅子さまのお洋服とクッションの縁の色が合っているのだと気づいた。

それから二年、二〇一九年（令和元年）バージョンはもっと進化していた。クッション全体が雅子さまのスーツとバッチリ合っていた。雅子さまが写真全体に目配りをされた結果だ、と思った。余裕であり、雅子さまの自信の表れでもあろう。

母子密着のロングヘア

思えば、長い道のりだった。皇太子妃時代、雅子さまの病名が「適応障害」と発表されたのは二〇〇四年（平成十六年）七月。二〇〇二年（平成十四年）のお誕生日には一人で記者会見をされたのだが、翌年十二月には帯状疱疹で入院されて会見はなく、その翌年、翌々年のお誕生日は短い文書のみの発表だった。写真が復活したのは二〇〇六年（平成十八年）、四十三歳のお誕生日。

雅子さまは、襟の詰まったグレーのジャケットをお召しだった。陛下（当時は皇太子さま）と愛子さまとご一緒の写真も公表され、以後それが恒例となる。雅子さまはグレーのジャケットの下にえんじ色のタートルを着ていた。陛下はダブルのジャケットで、色はやはりグレー。下には赤いタートル。お二人の色のトーンが合っていて、雅子さまを思う陛下の気持ちが表れているようだった。

その時、愛子さまは五歳。前髪を短めにそろえ、肩下十センチほどのロングヘアだった。雅子さまの髪はあごのラインくらい。その長さ、またはそれより短めが外務省時代からの雅子さまの定番だったが、翌二〇〇七年（平成十九年）のお誕生日にはロングヘアに変わった。愛子さまがお好きなスタイルに合わせ、一年かけて伸ばしたのだろう。その年は前年より、ご家族の調和の度合いが上がっていた。陛下と雅子さまは同じベージュのジャケットで、愛子さまのパンツが陛下のパンツと同じ茶系。

もしやこれは雅子さまの体調が上向いて、コーディネートに気持ちを向けることができるようになったのか。そんなふうに思いもしたが、現実はトントンとは進まなかった。

雅子さまの公務は増えず、ご一家への批判が少しずつ増していく。その象徴が、雅子さまと愛子さまのそっくりの髪型だった。二〇〇七年（平成十九年）以来、お二人は「おでこを見せた長めのロングヘア」がトレードマークのようになる。

二〇〇八年（平成二十年）、四十五歳のお誕生日は「おでこ見せロングヘア」に加え、水色のカーディガンに黒いパンツも愛子さまとおそろいだった。学習院初等科一年生になった愛子さまのことを、雅子さまはお誕生日翌月の「歌会始の儀」でこう詠まれた。「制服のあかきネクタイ胸にとめ一年生に吾子はなりたり」。ほほ笑ましい歌だが、公務をお休みがちな雅子さまは「内向き」だと批判された。

ご結婚の翌年、一九九四年（平成六年）に「君と見る波しづかなる琵琶の湖《うみ》さやけき月は水面《みのも》おし照る」で歌会始デビューをした雅子さま。皇太子さま（当時）は「我が妻と旅の宿より眺むればさざなみはたつ近江の湖《うみ》に」で、お二人の仲睦まじさも含め、好評を博した。

翌年からは「砂漠」「知恵おそき子」「大地震《おほなゐ》」「ルワンダ」「摩文仁」とさまざまな場所、テーマを詠んできたが、二〇〇〇年（平成十二年）と翌二〇〇一年（平成十三年）は「我が君」「君」と夫の歌を詠んだ。その年十二月に愛子さまが生まれ、翌月が歌会始。そこで「生《あ》れいでしみどり児のいのちかがやきて君と迎ふる春すがすがし」と詠んで以来、「制服のあかきネクタイ」まで七年続けて愛子さまを詠んだ。

そして二〇一〇年（平成二十二年）三月、学習院初等科二年生の愛子さまが不登校になった。雅子さまが連日、愛子さまに付き添って登校したことでさらに批判が高まった。「公務もせず、子どもにかかりきりだ」という批判で、お二人は「母子密着」などと揶揄もされた。その象徴が、そっくりの髪型だった。

その年の十二月、雅子さまの四十七歳のお誕生日写真で、九歳の愛子さまは白いブラウスにグレーのジャンパースカートを着ていた。ブラウスの襟元はフリル。白いソックスにもフリル。ベルトのついた黒の靴。長い髪は三つ編みにして、可愛らしいお出かけスタイルだった。陛下と雅子さまは例年通りのカジュアルスタイルだったから、愛子さまを目立たせ、元気ですよとアピールする。そんな作戦のようにも見えた。

雅子さまが愛子さまの山中湖での校外学習に付き添い、大バッシングを受けたのは翌二〇一一年（平成二十三年）九月。十二月、雅子さま四十八歳のお誕生日には、母子が互いに顔を向けてほほ笑み合う写真があった。それまでのお誕生日には見られなかったポーズで、冷たい世間を前に互いに励まし合っているようにも見えた。

母娘おそろいから仕事モードへ

と、このように「母娘の物語」があれこれ読み解けてしまう。そんな写真に変化が見えたのは二〇一三年（平成二十五年）、雅子さま五十歳のお誕生日だった。

ネックレスをされていたのだ。二〇〇八年（平成二十年）以来のカーディガンは同じだったが、ドレープのあるものになっていた。ドレッシーさが増した分、襟元がさびしいと判断されたのかもしれない。ゴールドのチェーンネックレスだった。二〇〇七年（平成十九年）からずっとイヤリングは写っていたが、ネックレスは初めて。合わせたパンツもはやりの広め幅で、雅子さまの中のおしゃれモードが上がり始めていた。

この年の四月から五月にかけて、雅子さまは陛下とオランダ国王の即位式に列席。十一年ぶりの公式外国訪問だった。仕事が充実すれば、おしゃれがしたくなる。働く女性なら、誰でも思い当たることだと思う。

首回りの華やかさは年々増し、二〇一四年（平成二十六年）はピンク、グレー、ベージュが組み合わされたモダンな柄のストール、二〇一五年（平成二十七年）はチェーンネックレス。その年の七月にはトンガをご訪問、十一月には十二年ぶりに園遊会に出席された。

二〇一六年（平成二十八年）八月、天皇陛下（当時）が退位をにじませるビデオメッセージを公表された。四カ月後、雅子さまは五十三歳のお誕生日の写真で、ベージュのカーディガン、胸元にパールのネックレス。陛下はキャメル色のセーター。愛子さまは陛下と雅子さまのちょうど中間くらいの色のカーディガンだった。

三人のトーンはごく合っていた。だがそれよりも目立ったのは、愛子さまがとてもやせていたことだった。

雅子さまのお誕生日の八日前、十二月一日に十五歳のお誕生日を迎えた愛子さまの写真が公開されたが、一年前に比べ面変わりといってもいいほどやせていた。手の節《ふし》が浮き上がって見えるほどだった。愛子さまはその年、九月から十一月まで四十三日間、学校を欠席された。十五歳になったばかりの少女の生きづらさ。それがひしひしと伝わる写真が、二週続けて公表された。

だが、愛子さまの体調はそれが底だったようだ。翌二〇一七年（平成二十九年）のお誕生日の写真はだいぶふっくらされ、それからはお元気そうな様子が増えていった。雅子さまがお誕生日にワインレッドのロングカーディガンをお召しになり、クッションの緑の色と合って見えたのが二〇一七年だったことは、最初の方に書いた。二〇〇六年（平成十八年）以来マックスの華やかさを彩るように、首元のゴールドのネックレスは以前のものよりインパクトのあるデザインになった。そしてこの年、雅子さまの髪型も変化した。

「母子密着」の象徴とも言われたロングヘアを下ろすスタイルから、お団子ヘアに変わったのだ。気づいていなかったが、以前に書いた「お団子」の、これが始まりだった。この年から陛下とお二人だけの写真になり、高校生になった愛子さまは登場されなくなった。親離れし始めている娘に合わせ、雅子さまからの「母娘おそろい」卒業宣言。それがお団子ヘアの原点なのかもしれない。

だがそれ以上に大きかったのは、雅子さまが「仕事モード」に入られたことではないかと思う。この頃から雅子さまに「〇〇年ぶり」という公務がどんどん増えていった。六月に結婚二十五年を迎えた二〇一八年（平成三十年）のお誕生日は、初めてブラウスをお召しになった。長めのボウタイのブラウスで、その上からネックレス。カジュアルスタイルとの決別は、お代替わりに向けて張り切る気持ちの表れのようだった。

発揮される「ファッションの機転」

そして二〇一九年五月、令和が始まった。雅子さまのご活躍については、これまでにも書いてきた。どこへ行ってもほほ笑み、大勢の人々に手を振られた。その集大成がお誕生日の「ばえる」写真だったと思う。雅子さまがいるだけで、喜んでくれる国民がいる。そのことが、雅子さまの喜びになった。誕生日を迎えるにあたり、写真を撮って国民に見てもらう。その意味が一層明確になったから、あれこれお考えになったのだと思う。

まずは皇后として、スーツを選ぶ。さて色はどうしよう。華やかなものにしよう。あ、クッションがあるのだった。明るい黄色だから、それに合うものがいい。ゴールドなど、いいかもしれない。イヤリングを選び、ネックレスも選ぶ。スーツの襟には、そうだブローチも付けよう。

と、勝手な妄想をした。ついつい妄想が膨らんだのは、考えること、おしゃれをすること、どちらも雅子さまの得意なことだと思うからだ。

毎日新聞の客員編集委員で『知られざる皇室外交』（角川新書）などの著書のある西川恵さんは、令和元年の皇室外交を振り返り、雅子さまの「ファッションの機転」に言及している。

〈マクロン大統領夫妻を宮中の玄関に出迎えられた時、皇后はライトブルーのスーツで、天皇も同系色のネクタイだった。これを見た時、皇后はフランス国旗の青にスーツの色を合わせ、天皇のネクタイも選ばれたのだろうと、確証はないが思った。〉

（「文藝春秋」二〇一九年十一月号「雅子皇后の『おもてなし』」）

「確証はないが」が好もしい。ちなみになのだが、西川さんは男性だ。そうそう、皇后になられてからの雅子さまには、そんなふうに思わせる勢いというかオーラというか、そういうものがありますよね、西川さん。そんなふうに話しかけたくなる。

これからも雅子さまは、「ファッションの機転」を見せてくれるに違いない。かなりの確証とともに、そう思う私だった。

第3章 「アマチュア」という存在意義

1　台風十九号の「真面目」と「ディテール」

官僚的なお見舞いの文章

天皇陛下の即位を祝うパレードの延期が決まったのは、予定されていた「即位礼正殿の儀」の日の四日前、二〇一九年（令和元年）十月十八日のことだった。台風十九号が十二日に上陸、関東、甲信、東北地方と被害が拡大する中、十七日に安倍晋三首相が「延期検討」を記者団に明かしていた。

パレード、正式には「祝賀御列の儀」は政府主催だから「検討」後、閣議で「十一月十日に延期」と決まったのは当然だ。とはいえ政府だけで決められることではなく、陛下と雅子さまのお気持ちがあったからこその取りやめ、延期だったに違いない。

お二人のお気持ちは、延期決定の三日前、十五日に明かされていた。台風被害へのお見舞いの気持ちを宮内庁の西村泰彦次長が発表、以下がその全文だ。

〈天皇皇后両陛下には、台風19号による大雨災害で多数の方々が犠牲となり、また、依然として多くの方の安否が不明であること、数多くの方々が被災されていることに大変心を痛めておられます。亡くなられた方々を心から哀悼されるとともに、ご遺族と被災された方々にお見舞いのお気持ちをお持ちでいらっしゃいます。両陛下には、安否不明の方々が早く見つかること、並びに、一日も早く復旧が進み、被災された方々の生活が早く元に戻ることを心から願っていらっしゃいます。また、災害対策のために日夜努力している関係者のご労苦に対し、おねぎらいのお気持ちをお持ちでいらっしゃいます。〉

この文章の出所は、宮内庁ホームページ。「台風19号による災害についてのお見舞い（令和元年10月15日発表）」を開くと、「本日の西村次長による定例会見において、以下のとおり、天皇皇后両陛下のお気持ちについてご紹介いたしました」という説明があり、この文章が続く。つまり、会見で次長が読んだ文章なのだろう。

天皇ご夫妻はこんなお気持ちですよ、と第三者が説明する形になっている。その第三者が西村次長という構図だから当然なのかもしれないが、官僚的な文章だと感じてしまう。総花的なのだ。

犠牲者を哀悼しています↓遺族と被災者をお見舞いします↓行方不明者が見つかりますように↓復旧して元の生活に戻りますように↓努力している関係者をねぎらいます。

すべての人々を対象に、順番に気持ちを淡々と説明している。お気持ちはその通りだと思いながらも、事務連絡のようだと感じてしまう。これならどんな水害でも火災でも地震でも通用してしまい、少し血の通わないような。これは私だけの感想だろうか。

お立場上、誰に対しても等しく気遣いをしなくてはならない。どんな時も全体を見て、同じように振る舞うことが肝要。天皇皇后とはそういうものだとわかりつつ、もう少し違う表現ができたのではないだろうかと思ってしまう。同じ宮内庁ホームページに、ずいぶんと毛色の違う文章が載っているのだ。

毛色の違う、お誕生日行事の取りやめ

それは、「上皇后陛下お誕生日の祝賀行事のお取りやめについて（令和元年10月15日発表）」。カッコ内の日付が同じだから、西村次長がその日の会見で二つのことを発表したのだろうか。天皇皇后両陛下のお見舞いにあった「本日の西村次長による定例会見において、以下のとおりご紹介いたしました」という説明文がないから、会見で読み上げたのではなく、ペーパーを配ったのかもしれない。などというのは、元新聞記者として「記者クラブにおける発表のバリエーション」をあれこれ見てきたゆえに思うことだが、ちょっとこだわるのには訳がある。前著『美智子さまという奇跡』に書いたのだが、宮内庁ホームページを見ていると、美智子さまという方が見えてくるのだ。

その代表が「皇室関連報道について」という、メディア情報が「正しくない」ことを指摘するコーナーだ。詳しくは前著に譲るが、たとえば皇太子夫妻（当時）への不安を美智子さまが

語ったという週刊誌の記事について「常に周囲をお気遣いになっている皇后陛下のお立場を鑑みるに、そのようなご発言をされることなど、到底考えられません」とある。平成になって皇后の活動の比重が増したという記事については、香淳皇后も宮中祭祀に熱心で美智子さまもそのまま受け継いだと説明し、こう述べている。「お減らしになったものはありませんが、お足しになったものも一つもありません」

前者は、反論の切り札として美智子さまの人柄に言及している。後者は、宮内庁という役所の文章ではないような文学的な香りがする。どちらからも美智子さまのありようというか、たたずまいというか、そういうものが見えてくる。浮かんでくる美智子さま像はいろいろあるが、ごく単純にまとめるなら、「陛下ファースト」の妻であり、「昭和天皇&香淳皇后を敬う」嫁だと思っている。

そのように「宮内庁ホームページ」を見る癖がついている者としては、同じ「令和元年10月15日発表」の二つの案件、「台風19号による災害についてのお見舞い」と「上皇后陛下お誕生日の祝賀行事のお取りやめについて」を、宮内庁は同一に扱わなかったのではないかと想像した。上皇后になられてからの美智子さまは、「天皇&皇后ファースト」を大切にされているだろうと想像しているからだ。

話が横にそれた。「上皇后陛下お誕生日の祝賀行事のお取りやめについて」が「台風19号による災害についてのお見舞い」とずいぶん毛色が違うという話だ。どちらも第三者による説明の文章なのに、トーンがずいぶん違う。

お誕生日行事の取りやめの方も、全文を紹介する。

〈上皇后陛下には、既に、今月20日のお誕生日について、2日後に御即位関連行事が迫っていることから、例年宮殿で行われていた行事をすべて吹上仙洞御所に移し、大幅に簡素化するようお申し出になり、そのような形で準備を進めていたところ、去る12日以降、台風19号により関東・東北と広域にわたって多大な被害が発生していることから、すべてのお誕生日行事をお取りやめになります。

今回の台風については、その発生以来、上皇上皇后両陛下とも災害の様子を伝える早朝6時のニュースを始めお昼、夜のニュース等を注視されてきましたが、これまで全国各地の様々な災害被災地をお見舞いになってこられた両陛下にとっても、被災地域の広さ、堤防決壊数の多さにおいて他に比較できる災害のご記憶がなく、大変にお心を痛めておられます。

こうしたことから、上皇后陛下は、既にこれまで宮殿から吹上仙洞御所に変更していた行事を始め、祝賀行事を簡素化した総理大臣始め三権の長ほか認証官による記帳、その他もすべてお取りやめになり、お身内のお子様方、お孫様方とのご会食のみを当日のお昼に

行われるご予定です。〉

ポイントは中段だ。ここが「台風19号による災害についてのお見舞い」との違いを決定づけていると思う。

ディテール力にあふれる美智子さまの文章

記者、編集者として長く文章に携わる仕事をしてきたが、文章力とはディテール力だと思っている。読む人の頭に情景がはっきりと浮かんでくる文章を書ければ、読む人の気持ちを動かせる。その決め手は、具体的な事実をどうつかみ、どう表現するか、すなわちディテールだと思うのだ。

お誕生日行事取りやめの文章中段は、ディテールに満ちている。上皇さまと美智子さまがお二人で、朝早くからテレビを見つめ、刻一刻と状況を伝える映像に「これまでに、こんな災害はあったろうか」と語り合う。そんなご様子が頭に浮かんでくる。全体にメリハリの利いた文章で、さぞや心配されているのだろうと心が動かされる。

皇室に関する記者発表の文章は、どう作られるのだろう。「官僚的」と感じられる文章と、「メリハリの利いた」と感じられる文章。その分かれ目がどこにあるかはわからない。だが一つだけはっきり言えるのは、美智子さまの文章はいつもディテール力にあふれていたということだ。

例えば二〇〇五年（平成十七年）、七十一歳のお誕生日にあたって公表された文章。長女の清子さまの結婚が近づいていることへの感想を宮内記者会から尋ねられ、美智子さまはこんなふうに答えている。

〈清子の嫁ぐ日が近づくこの頃、子どもたちでにぎやかだった東宮御所の過去の日々が、さまざまに思い起こされます。

浩宮（東宮）は優しく、よく励ましの言葉をかけてくれました。礼宮（秋篠宮）は、繊細に心配りをしてくれる子どもでしたが、同時に私が真実を見誤ることのないよう、心配して見張っていたらしい節《ふし》もあります。年齢の割に若く見える、と浩宮が言ってくれた夜、『本当は年相応だからね』と礼宮が真顔で訂正に来た時のおかしさを忘れません。〉

兄と弟、それぞれの性格の違いがわかる。でも、お二人が母を思う気持ちは同じだとわかる。ユーモアも交えた筆致で、とても温かな家庭の雰囲気がまざまざと伝わる。なんというディテール力なのだと感心するばかりだ。

お好きな言葉は「研鑽」

もしかすると、陛下と雅子さまは真面目すぎるのではないかしらと思う。例えばお二人のお好きな言葉に、「研鑽」がある。

二〇一九年（令和元年）五月一日、陛下は「即位後朝見の儀」の「おことば」で、「自己の研鑽に励むとともに、常に国民を思い、国民に寄り添いながら、憲法にのっとり、日本国及び日本国民統合の象徴としての責務を果たすことを誓い、国民の幸せと国の一層の発展、そして世界の平和を切に希望します」と述べられた。

雅子さまはその半年前の二〇一八年（平成三十年）十二月、五十五歳のお誕生日にあたっての文書で、「この先の日々」についてこう述べられた。「私がどれ程のお役に立てますのか心許ない気持ちも致しますが、（略）少しでも皇太子殿下のお力になれますよう、そして国民の幸せのために力を尽くしていくことができますよう、研鑽を積みながら努めてまいりたいと思っております」

広辞苑によると「研鑽」とは、「学問などを深くきわめること。研究」だそうだ。だが、陛下と雅子さまを思う時、私には単なる「研究」を超え、「努力のその先にまだある努力」のような感じがする。現状に決して満足せず、どこまでも努力を続ける。そんな真面目なお二人が浮かんでくるのだ。

「即位礼正殿の儀」の十月二十二日、ＮＨＫで放送されたドキュメント「天皇ご一家が愛する〝那須〟」を見た。那須御用邸の半分を上皇さまのご意向で、広く国民に開放した「那須平成の森」。そこを散策する天皇ご一家を案内した若林正浩さんは、愛子さまがカエデの種類について質問し、メモをされたというエピソードを語っていた。休日にくつろぐ場面でもメモを取るという愛子さま、やはり「真面目ＤＮＡ」をご両親から受け継いでいる。

そのように常に努力するご一家は、ご立派であり好もしくもある。だが、一方でこうも思う。真面目さが、ディテールを奪っているということはないだろうか、と。

陛下と雅子さまは真面目なあまり、ディテールを語ることを「枠から外れる」と感じるのではないだろうか。「ディテール」より「おしなべて全体」を語ることを優先してしまうことはないだろうか。そうだとしたらもったいないと、失礼ながら思ってしまう。国民はお二人をもっと知りたい。そのためには、「全体」より「具体」が肝心。そう思うからだ。

お二人には、真面目さという肩の力を少しだけ抜いていただけたらと思う。ディテール力のお手本は美智子さま、とは書かない。お二人にはお二人なりのディテールがあるはずだ。

「即位礼正殿の儀」は、滞りなく行われた。儀式が始まる午後一時、それまで激しく降っていた雨が上がり、虹も出た。二十六年前、一九九三年（平成五年）六月、陛下と雅子さまのご成婚の日も朝から雨だったが、パレード直前に上がった。お二人は「運」も味方につけていると思う。

だから、というのも変だが、お二人らしくディテールを語っていただきたい。運はもちろんだが、味方はそれだけではない。国民が、一番の味方だ。

2　即位礼正殿の儀、繰り返されたまばたき

わずかしか映らなかった雅子さま

二〇一九年（令和元年）十月二十二日、「即位礼正殿の儀」をテレビ中継で見た。病を得てから、宮中祭祀はお休みすることがほとんどだった雅子さまだが、令和になって五月八日、「期日奉告の儀」という宮中祭祀をクリアされた。古式装束をまとい、髪は大垂髪、手には扇という姿。三殿（賢所、皇霊殿、神殿）を拝礼する祭祀は二〇〇二年（平成十四年）十二月以来だったという。

「即位礼正殿の儀」は国事行為ではあるが、即位に伴う儀式としてビッグイベント中のビッグイベントであることは間違いない。どのように臨まれるのか。その姿を見たかった。

午前九時から「即位礼当日賢所大前の儀」と「即位礼当日皇霊殿神殿に奉告の儀」が行われ、純白の帛御袍《はくのごほう》を身につけた陛下、続いて同じく純白の古式装束姿の雅子さまが女官二人に裾を支えられながら宮中三殿をしずしずと歩んでいった。これが儀式の始まりで、本番、という言い方は不謹慎かもしれないが、衣装を替えての「即位礼正殿の儀」は宮殿松の間で執り行われた。

まず秋篠宮さま、次いで紀子さま、眞子さま、佳子さま……、最後に高円宮家の長女・承子さま。成年皇族方が装束姿で松の間に並んだ。十二単の女性が九人に対し、男性は二人。午後一時過ぎ、和楽器の鉦《しょう》の合図で儀式が始まった。

が、雅子さま、ほとんど映らなかった。これは想定外で、かなり戸惑った。陛下が即位を内外に宣言するという儀式なのだから、当然と言えば当然だ。だが、高御座《たかみくら》ばかりが映り、御帳台が映る時間がこれほど短いとは思っていなかった。

とばりが開き、陛下は落ち着いた声で「おことば」を述べられた。

「さきに、日本国憲法及び皇室典範特例法の定めるところにより皇位を継承いたしました」

次いで安倍晋三首相が「寿詞《よごと》」を述べ、参列者による万歳三唱があり、再びとばりが閉められる。その十五分ほどの間で、雅子さまの表情がわかる映像は二度だけだった。「おことば」前の三十秒ほどと、「おことば」後のほんの数秒。儀式の性質を理解しつつ、皇室とはそういう世界なのだなあと思ったりしながら見ていた。

ほとんどまばたきをしなかった天皇陛下

短く映る雅子さまの顔を見て気づいたのが、まばたきだった。大きな目だから余計に目立つのかもしれないが、繰り返していることがはっきりわかった。元新聞記者のさがで、つい数えてしまった。最初の三十秒では七回、あとの数秒でも二回。人がする通常のまばたきよりはずっと多いと感じた。

「並々ならぬ緊張をされているのだな」という感想も持ったが、それ以上にあれこれ考えた。陛下とあまりに違ったから、その「意味」のようなことに思いを巡らした。天皇家に生まれるとは、そこに嫁ぐとは。そんなことを考えた。

高御座の中で、陛下はほとんどまばたきをしなかったのだ。雅子さまのまばたきに気づいてから陛下の目元に注目したが、ほとんど動かない。とばりが開き、それを結びといった作業があり、「おことば」の書かれた紙が届くのを待ち、紙をゆっくりと開ける。その間、陛下の顔が長く映ったが、あまりにも変わらないので静止画像ではないだろうかと思ったほどだった。ほんの時折、一瞬で消えるまばたきが見られたが、雅子さまとの違いに驚いた。そして、天皇家に生まれるとはこういうことか。そう思った。

まばたきをしないトレーニングなどあるはずがないから、これはきっとどんな時も平常心でいるトレーニングのたまものなのだろう。プライベートはもちろん、通常の公務だけでなく、宮中祭祀であれ国事行為であれ、どんな「儀式」でも平常心。トレーニングという言葉に語弊があるなら、天皇家に生まれ、天皇の子どもとして育てられるうちに、自然とできるようになる。そういうことではないかと思った。

秋篠宮さまも同様だったのだ。儀式が始まる前、控える秋篠宮ご一家の映像が長く映っていたが、秋篠宮さまのまばたきが突出して少なかった。そして思ったのは、雅子さまはこれから徐々に陛下や秋篠宮さまのようになっていかなくてはならないのだなあ、ということ。いつも平常心。儀式でもまばたきなし。それはやはり、たやすい道のりではないだろうと思う。

合理的説明から余りに遠い世界

少し時間は戻るが、「即位礼正殿の儀」の前日、元宮内庁職員の山下晋司さんが「御帳台は高御座より小さく、高御座より後に置かれる」と解説しているのをテレビで見た。皇室でそのような位置づけは当然だろうから、他の出演者から質問も意見も出なかったのも当たり前なのだと思う。そうか、雅子さまがさまざまな儀式を受け入れるとは、こういうことも込みで受け入れるということなのだ。あくまで個人的な感想だが、「平常心」への道、わりと厳しい。

第1章でも触れたが、私は雅子さまの三年近く前に生まれた。雅子さまの優秀さには及びもつかないが、学校では男子と机を並べ、「男女雇用機会均等法」より前に入社したが、会社では概ね男性と（少なくとも形の上では）肩を並べて働いてきた。その頭で考えると、高御座と御帳台の解説は少し引っかかる。「あのー」と口をはさみたくなる。

安倍首相の万歳三唱の直前、高御座と御帳台の両方が映る引きの画面があった。雅子さま、ほんの少しだけ陛下の方に体を向けていた。三唱後、陛下が礼をされた。すると雅子さまが、体を元に戻された。これも、皇室の位置づけでは当たり前なのだろう。だが、「そうかー、雅子さまも万歳をする側のお一人なのだなー」と少し驚いた。一九六〇年代に生まれた女性には、そういう人、少なくないように思う。

令和が始まる少し前、一九六〇年（昭和三十五年）生まれの精神科医・香山リカさんは『皇室女子』（秀和システム）という本を出版した。香山さんはお代替わりが決まってからの雅子さまのことを、「自ら作った工程表に基づいて、日々の努力を重ねて」いると書いていた。

もう少し詳しく香山さんの意見を聞きたくて、会いに行った。すると、「努力せずにはいられない世代」という話になった。

香山さんによれば、それはピンポイントで一九六〇年（昭和三十五年）から七〇年（昭和四十五年）生まれの女性で、常に自分を高めたい「自己実現派」だという。その背景には「共通一次試験」がある。香山さんはそう分析していた。

一九七九年（昭和五十四年）から八九年（平成元年）まで十年間、国公立大学受験のために実施された共通一次を香山さんは、「性別も住んでいる所も関係ない超平等のシンボル」と表現した。ちなみに香山さんも私も、第一回の受験生だ。

二〇一八年（平成三十年）、医学部入試で続々と「女子差別」が明らかになった。受験もしょせん、男女平等ではないことがわかった。だが、当時は努力して結果を出せば、男女平等だと信じられたし、合否を分けるのは点数だから、合理的な世界だと思えた。だから「共通一次世代」は頑張ることが好きだ。そう香山さんは言う。

アメリカの高校からハーバード大学に進んだ雅子さまは、共通一次試験は受けていない。だが人並み以上に努力をして、結果を出してきた方だから、皇室でも実力を正当に評価されたかったはずだ。ところが期待された出産は努力だけではどうにもならず、山のように待ち構える宮中祭祀は合理的説明から余りにも遠い。

そんな香山さんの解説が頭に残っていたから、「即位礼正殿の儀」での雅子さまのまばたきが心に残った。これからも合理的説明とは遠いものがたくさん残っている、否、残している世界で、雅子さまは生きていく。

明文化されていない文化のオンパレード

「宮中というのは、『空気読め』の総本山」。これは朝日新聞で長く皇室を取材してきた岩井克己さんの言葉だ。二〇〇九年（平成二十一年）、上皇陛下の「天皇即位二十年」にあたっての座談会での発言だった（「文藝春秋」二〇〇九年十二月号）。「雅子妃が変えた平成皇室」と見出しのつけられた座談会は、天皇と皇太子のコミュニケーションがうまくいっていないという話になった。なぜそうなるのか意見が交わされる中、岩井さんが「宮中というのは、『空気読め』の総本山ですからね」と言ったのだ。

当時はこの言葉に、わかるようなわからないような気持ちだった。それから十年が経った二〇一九年（令和元年）九月七日、朝日新聞土曜版「be」の悩み相談コーナーを読み、突然、腑に落ちた。評論家の岡田斗司夫さんの回答を読んだ瞬間、岩井さんの言葉の意味がわかった。すごくすっきりした。

それは四十代女性からの相談だった。パートをして一年になる会社に、理屈の通らないルールを押し付ける同僚がいるという。勤続二十年、六十代の女性で、湯飲みのしまい方（柄のあるものが前、ないものが後ろ）を押し付け、出入り業者にお茶を出せば「お客さまじゃないから出すな」と言い、出さないと「お茶の一杯くらい出せ」と言う。ストレスがたまるが、生活もあるので辞められない、対処法を教えてほしいという相談だった。

岡田さんはまず、「彼女は同僚でない、上司」と位置付けていた。二十年も庶務的業務や雑用をこなしているその人は、「会社の裏ボス」だ。彼女の方もあなたを「指示の理由をいちいち聞いてくる、使えない部下」と思っているだろう。そう整理した上で、この状況を脱するための「師匠と弟子ごっこ」を提案していた。師匠の意味不明な行動には思いもよらない理由が隠されている（はずだ）から、それを解き明かす。そういうゲームをしてみましょう、と。

業者へのお茶出しはもしかしたら「こちらから依頼する用件の時は出す」「先方からの用件の時は出さない」など複雑なパターンが隠されているのかもしれない。岡田さんはそう説明し、こう締めた。

〈こういう「明文化されていないパターン」を「文化」と呼びます。文化は理解より体得がいちばん。〉

これでやっと、岩井さんの言葉がわかった。明文化されていない文化のオンパレードの宮中に、説明してほしいと求めても無駄。理解でなく、体得するしかない。

弱みの克服より、強みの発揮を

そう理解するにはしたが、「明文化されていないパターン」の体得は簡単ではないと思う。宮中祭祀をほとんど欠席していた皇太子妃時代の雅子さまを、「怠け」と批判する人たちは多かった。それは主に終戦より前に生まれた世代の人たちで、その主張は「嫁ぐ前からわかっていたのになぜできない」「とにかくやってみればよいではないか」。まさに、理解より、体得を勧めていた。

欠席に共感を示したのは、陛下と雅子さまの同世代たちだった。宮中祭祀はそもそも根拠が曖昧だし、「血の穢れ」とか、十キロ以上もあるという十二単とか、女性にひどく負担を強いるし、合理性に欠ける。近代的な教育の中で結果を出してきた雅子さまには遠過ぎる世界で、欠席する気持ちもわかる。そういう考え方だった。理解できないものを体得できようか、というわけだ。

雅子さまは、皇后となって覚悟を決めたのだろう。「期日奉告の儀」「即位礼正殿の儀」など、もろもろの儀式を無事に済ませた。ちなみに「覚悟」というのは、皇太子妃時代の雅子さまに「足りない」と批判されたものだが、それはさておき。

無事に済ませたとはいえ、「即位礼正殿の儀」で雅子さまは何度もまばたきをしていた。ここでも精神科医・斎藤環さんの話を思い出した。

斎藤さんは、雅子さまと美智子さまの存在感の違いを語ってくれた。皇后としての存在感はお二人ともにある。だが雅子さまのそれは「意思と主体性から来る存在感」、美智子さまのそれは「宗教的体質から来る存在感」。斎藤さんは、そう表現していた。

宗教的体質とは「共感性が非常に強く、自分を無にできる巫女的体質」という解説を聞き、美智子さまが宮中祭祀にとても適応したのは、この体質ゆえだと得心した。だが「意思と主体性」の雅子さまも、宮中祭祀と向き合わねばならない。目指すゴールは、陛下や秋篠宮さまのような平常心。

やはりこれはたやすい道ではない、と改めて思う。秋篠宮家で一番まばたきをしていたのが、佳子さまだった。ダンスが好きで、己の意思をはっきり口にする佳子さま。雅子さまのまばたきと、重なった。

宮中祭祀の世界は、雅子さまには「弱み」。「宮中」を見る従来の目からはそうなるし、雅子さまもそれを克服したいお気持ちだろうと想像したりもする。

だけどそちらは、ゆるゆるとでいいのではないだろうか。雅子さまはたくさんの「強み」をお持ちで、その一端が表れているフリルについてはここまでに書いてきた。だから、そちらをどんどん伸ばす。そういう作戦がいいと思う。

「勝て」と追い立てられ、負ければ「自己責任」と放り出される時代だ。弱みの克服に疲れる雅子さまより、強みを発揮し輝く雅子さま。そちらが絶対、支持される。「努力せずにはいられない世代」の端くれである私がそう思うのだから、間違いない。そう言い切りたい気持ちだ。

3 左側へのお手振りとアマチュア精神

陛下との自然体・対等な関係ゆえの強さ

二〇一九年（令和元年）十一月十日の「祝賀御列の儀」は、ＮＨＫの特別番組で見た。午後一時から始まったが、やはり国民が見たいのは午後三時からのパレードで、スタートから一時間の視聴率は二七・四％（関東地区、ビデオリサーチ調べ）という高さだった。

その日も、雅子さまはフリルだった。ローブ・デコルテの上に着たジャケットに、フリルは幾重にも重ねられていた。本来パレードは、十月二十二日の「即位礼正殿の儀」当日に行われる予定だった。同日の夜の「饗宴の儀」でフリルのロングドレスだったことはすでに書いた。雅子さまは二十二日、十二単→十二単→フリル→フリルとするはずだった。「平安絵巻」から一転、後半を「お好み」で攻める、その強気っぷりが凜々しい。

しかも二十二日は朝から土砂降りだったが、延期した結果、雲一つない晴天となった。なんという幸運だろう。パレードには秋の長い日差しが降り注ぎ、雅子さまのティアラがキラキラと光った。

この日、雅子さまは休むことなく手を振り続け、輝くような笑顔だった。そして時折、涙ぐまれた。その様子を中継で見ながら、雅子さまについて二つのことを思った。一つは雅子さまの強さの源、そしてもう一つは「アマチュア精神」についてだ。

雅子さまはフリルがお好みで、とてもよく似合うという話はすでに書いている。「饗宴の儀」でのロングドレスは、襟元だけがフリルだったが、パレードでのジャケットはもっと多かった。襟元に二重、三重、そこから徐々に小さくなり裾までフリルが続く、そんな華やかなデザインだった。

華やかなだけでなく、この日の雅子さまは堂々として見えた。午後三時、陛下と雅子さまが皇居・宮殿「南車寄せ」に出てこられた時からそう感じた。単なる印象に過ぎないが、それには理由があるのだと次第にわかってきた。それはおいおい書いていくとして、お二人の様子を再現していく。

南車寄せでお二人は、オープンカーの到着を待ってしばらく立っていた。その間、陛下は雅子さまに何か言葉をかけられた。雅子さまがうなずかれたところで車が到着、会話は打ち止めとなった。陛下、続いて雅子さまがにこやかに乗り込まれたが、車はそこからもすぐに出発とはならなかった。

この日のために作られたという行進曲「令和」が演奏されていた。その間、陛下が雅子さまに話しかけ、うなずいた雅子さまが今度は短く言葉を返された。まだ車は出発しない。もう一

郵 便 は が き

料金受取人払郵便

代々木局承認

6948

差出有効期間
2020年11月9日
まで

1 5 1 8 7 9 0

203

東京都渋谷区千駄ヶ谷 4-9-7

(株) 幻 冬 舎

書籍編集部宛

1518790203

ご住所 〒

都・道
府・県

フリガナ
お名前

メール

インターネットでも回答を受け付けております
http://www.gentosha.co.jp/e/

裏面のご感想を広告等、書籍の PR に使わせていただく場合がございます。

幻冬舎より、著者に関する新しいお知らせ・小社および関連会社、広告主からのご案内を送付することがあります。不要の場合は右の欄にレ印をご記入ください。

不要 □

本書をお買い上げいただき、誠にありがとうございました。
質問にお答えいただけたら幸いです。

◎ご購入いただいた本のタイトルをご記入ください。

『　　　　　　　　　　　　　　　　　　　　　　　　　　　』

★著者へのメッセージ、または本書のご感想をお書きください。

●本書をお求めになった動機は？

①著者が好きだから　②タイトルにひかれて　③テーマにひかれて
④カバーにひかれて　⑤帯のコピーにひかれて　⑥新聞で見て
⑦インターネットで知って　⑧売れてるから／話題だから
⑨役に立ちそうだから

生年月日	西暦　　　年　　月　　日（　　歳）男・女			
ご職業	①学生	②教員・研究職	③公務員	④農林漁業
	⑤専門・技術職	⑥自由業	⑦自営業	⑧会社役員
	⑨会社員	⑩専業主夫・主婦	⑪パート・アルバイト	
	⑫無職	⑬その他（　　　　　　）		

このハガキは差出有効期間を過ぎても料金受取人払でお送りいただけます。

ご記入いただきました個人情報については、許可なく他の目的で使用することはありません。ご協力ありがとうございました。

度、陛下が雅子さまに声をかけ、しばらく会話が続いた。「優しい表情で、言葉を交わしていらっしゃいますね」。スタジオで瀧川剛史アナウンサーが、そう言っていた。

お二人の「優しい表情」から私が感じたのは、仕事に向かう前の同僚同士のような雰囲気だった。信頼し合う者同士が醸し出す、良い空気感だと思った。これからパレードに臨むにあたっての方針を確認し合っているのか、それともリラックスするために全く違う話をしているのか。いずれにしても、「頼れる同僚同士」の会話を見るようだと感じた。

その空気はどこから来るのか。お二人を眺めているうち、雅子さまが陛下と同じ立ち位置にいるのだと気づいた。それが雅子さまの、堂々とした印象につながっている。そう思った。

前にも書いたことだが、美智子さまはケープがお好みで、平成の「祝賀御列の儀」でもケープ型のお召し物をローブ・デコルテの上に合わせられた。平成の時代、上皇さまと行動される時の美智子さまに、気配を消しているようだと感じることがあった。身を包み、隠す形の「ケープ」は、実に美智子さまらしい。

その点、これも繰り返しになるが、フリルは主張するデザインだ。華やかさのある分、似合う人を選ぶ。フリルに負けない強さがあって、初めて着こなすことができる。そういうものを好み、着こなす雅子さま。自らの存在を隠さない雅子さまの強さを、受け止める陛下。対等な関係。だからこその空気感だった。

ＮＨＫの中継は、お二人のご様子を「自然体」と何度も伝えていた。お二人の「対等」な関係性がごく自然に伝わってくる。それがお二人の「自然体」で、それこそが雅子さまの強さの源泉なんだ。そんなことを思った。

お手振りと涙に見る「普通の感覚」

オープンカーが動き出し、パレードが始まってから感じたのが、雅子さまの「アマチュア精神」だった。「普通の感覚」と言い換えてもいいかもしれない。「皇室のルール」に染まり切らず、今もある普通の感覚。それが雅子さまの素晴らしさなのだ、とわかった。

顔の向きがポイントだった。沿道には平成の即位パレードを超え、約十一万九千人が集まった。道路の左右、どちらの側も大変な人出だった。

進行方向左側に座られた雅子さまは、ほぼずっと左側を向かれていた。一方、陛下はパレード中、左右を同じくらいの割合で向かれていた。雅子さまが右を向かれたのは、テレビで見る限り二、三度だけ。「ああ、雅子さまは目の前で起こっていることに感動しているのだな。それが雅子さまという人なのだな」。そう思った。

すでに書いたことだが、「即位礼正殿の儀」で高御座の中に立たれた陛下は、ほとんどまばたきをしていなかった。雅子さまは御帳台で、何度もまばたきを繰り返していた。一世一代の儀式でも動じることのない陛下に、天皇家に生まれ育つとはそういうことかと思い知らされた。陛下は「皇室のルール」のようなものが、体に染み込んでいるのだと思う。だから「パレードで左右に顔を向ける」という行為も、意識せずともできてしまう。その点、雅子さまは、皇室の長い長い歴史から見ればニューカマーだ。意識をして、初めてルール通りに動けるのだと勝手に拝察している。

出発前は雅子さまも、「左右に目配りしよう」と意識したかもしれない。だが始まってみれば、目の前でたくさんの人が喜んでくれている。それを見て、感動されたのだろう。出発前に確認したルールは頭から消えて、夢中で目の前の人たちに応えた。

そう想像し、そんな雅子さまの感覚は皇室における「アマチュア精神」だと思った。とても好もしい「普通の感覚」で、雅子さまの「涙」もそこにあると思う。

雅子さまはパレード中、何度も涙を見せ、その都度、白い手袋で目元を押さえた。その前日、「天皇陛下御即位をお祝いする国民祭典」でもそうだった。

主催者発表で約三万人という大勢の人が、皇居前広場に集まった。祭典の締めくくりは、アイドルグループ「嵐」による奉祝曲「Journey to Harmony」。この日のために作られた明るく穏やかな歌だった。作詞は岡田惠和さん、作曲は菅野よう子さん。「君が笑えば世界は輝く誰かの幸せが今を照らす」。二重橋に陛下と並んで立った雅子さまは、何度も涙をぬぐっていた。「大丈夫　君と歩いてゆこう」というフレーズを数回繰り返し、「嵐」の歌は静かに終わった。あるテレビ局はのちに、「私たちが確認できただけで四回、涙をぬぐわれました」と伝えていた。

二日続けての涙は、「皇后」としてはあまり見られないことかもしれない。美智子さまが人前で涙を流した場面を、私は知らない。でも、「普通の感覚」からすれば、感動すれば涙は出る。二日続けて感動することだって、ままある。こんなアマチュア精神は、批判する人より、歓迎する人の方が多いはずだ。そして歓迎している人の代表は、陛下ではないだろうか。

三十分ほどでパレードが終わり、お二人はお住まいの赤坂御所に戻られた。そこでしばらく車内にとどまり、雅子さまが陛下に声をかけた。すると陛下は返事をするためだろう、雅子さまの方に体を寄せられた。テレビではその様子は正面からでなく、後ろから映った。背中からだったが、お二人の温かさが十分に伝わってきた。陛下が雅子さまを尊重していることが、よくわかった。

美智子さまは「民間出身の初の皇太子妃」になった。昭和という時代に戦争があり、天皇の名のもと、大勢の人が死んでいった。美智子さまが嫁いだ時、まだ「戦後」があちこちに残っていたはずだ。それから美智子さまは家庭を築き、公務にいそしみ、国民が期待する百点満点を常に超える行動をされた。

美智子さまがいたから、国民は皇室との絆を結び直せたのだと思う。そういう美智子さまの果たした役割がはっきり見えてきたのは、平成になってからだった。

雅子さまは「元キャリアウーマンの初の皇太子妃」になった。そして、皇室にうまく適応できず、つらい思いをされた。「勝ち組」「負け組」という言葉がいつしか定着し、格差社会がどんどん進んだ平成という時代に、雅子さまは皇室で苦しまれた。

その「意味」が、令和になって見えてきた。キーワードが「アマチュア精神」だと、パレードを見て思った。

生きづらい人々へのメッセージ

雅子さまは皇室にいながら、「普通の感覚」を持ち続けた。渦中にあっては、それが「苦しみのタネ」だったかもしれない。だけど、今いる場所で違和感を抱えている人がたくさんいる時代だ。周囲とうまくなじめず、そのことで罪悪感や挫折感を持っている人もたくさんいる。違和感は悪いことではない。なじめなくたって、ちっともかまわない。雅子さまの存在が、そういうメッセージになるのだと思う。

苦しみのタネでなく、メッセージのタネ。それが雅子さまの「普通の感覚」だったのだ、と令和になって明らかになった。苦しみの意味は、いつか必ず明らかになる。それも、生きづらい人々へのメッセージになるのではないだろうか。そしてそれこそが、雅子さまが皇后になった意味なのだ。

パレードに話を戻そう。最後の最後にもう一度、雅子さまのアマチュア精神を垣間見る瞬間があった。

パレードが終わり、戻った赤坂御所でお二人が車から降りたのは、皇宮警察音楽隊による「令和」の演奏が終わるタイミングだった。車が去り、続いて「君が代」の演奏が始まった。音楽隊と向き合う形で聴くお二人。演奏が終了すると、陛下は小さくうなずかれた。雅子さまはお辞儀をされた。

次に陛下は、「さ、戻りましょうか」というように、雅子さまの方を向かれた。それを合図にするかのように、雅子さまはお辞儀をされた。陛下はやはり、うなずかれていた。雅子さまのみのお辞儀。

皇室のルールはわからない。だが世の中で働いている人は、仕事を終えれば目の前の人に挨拶をし、そうして引きあげる。雅子さまの体に「普通の感覚」が残るからこそのお辞儀。そう思った。

皇室は私たちと地続きの存在。前著でも、そう書いてきた。それを実感させてくれる雅子さまのアマチュア精神。励まされる人は、きっとたくさんいる。

4 「思いがけない」という言葉

文書回答のままだったお誕生日

お誕生日を迎えるたびに思いを語るのが、天皇家に生まれた人&嫁いだ人の務め。ということで、毎年、記者会見が開かれている。そのルールは当たり前だが皇室典範に定められているわけではなく、時間をかけて決まっていった国民への語りかけだ。

朝日新聞記者として長く皇室を取材してきた岩井克己さんは、二〇一八年（平成三十年）に出した著書『皇室の風』（講談社）で「皇室とメディア」という章を立てている。そこに記者会見についての説明があるので、引用する。平成に書かれた文章だということを前提にお読みいただきたい。

〈いま天皇、皇太子夫妻、直宮《じきみや》の秋篠宮は毎年の誕生日前に会見することになっている。
（略）秋篠宮の場合は紀子妃も同席して毎年応じている。
皇后は、皇太子妃時代には誕生日会見に毎年応じていたが、即位後は「香淳皇后も応じていなかった」との理由から一貫して文書回答のみとなっている。〉

そして雅子さまの記者会見は二〇〇二年（平成十四年）が最後で、二〇〇四年（平成十六年）からは文書で感想を発表するだけになっていることを説明した。こんな記述もあった。

〈かつては夫妻で記者たちと和やかに懇談する場面もあったが、今や遠い昔のことになってしまった。宮内記者会でも雅子妃の肉声に接したことのある記者はほんのわずかになった。〉

令和になった二〇一九年八月、天皇ご一家が那須で静養するにあたり記者とのやりとりが放送されたことは前章で触れた。記者も接していなかったという雅子さまの肉声を聞き、意外と高いことに驚いた、と。同時に思ったのが、「この調子なら今年のお誕生日は、記者会見されるのでは」ということ。「長期療養中」ということで文書回答になっていると『皇室の風』にもある。令和になってからのご活躍ぶりなら会見も可能では、と期待した。

同じことを書いていたのは、作家の林真理子さん。「週刊文春」でこう書いていた。

〈どうかご自分の声で、ご自分の考えを私たちに一度お聞かせ願いたいとせつに思う。令和初の十二月のお誕生日会見では、ぜひ皇后になられた抱負をお聞かせいただきたいし、おりに触れての記者会見にもお答えいただきたいものだ。〉

（二〇一九年八月十五日・二十二日号「『雅子さま』平成と生きづらさと私」）

その通り、と激しく同意した。一方で『皇室の風』の「即位後は『香淳皇后も応じていなかった』との理由から一貫して文書回答のみ」という美智子さまについての記述も読んでいた。

だから雅子さまも美智子さまにならい、結果として文書回答のままになるかもしれないと予想したりもしていた。

そして十二月九日、雅子さまの五十六歳のお誕生日に報道されたのは、やはり「ご感想」の文書だった。

「感謝」と「思いがけない」

「前例踏襲」になったのは雅子さまの意思だろうか、宮内庁の判断だろうか。まだ記者と向き合ってあれこれ聞かれるほどには、体調が戻っていないということだろうか。いずれにせよ林さんもがっかりしたに違いない。来年こそ、前例を打ち破っていただきたい。そう願いつつ、「ご感想」を読んだ。何度も語られていたのは、周囲への「感謝」だった。

一行四十字詰めで八十行にわたる文章に「感謝」という言葉が六回、「御礼」という言葉が二回あった。対象は上皇ご夫妻、陛下、愛子さま、そして国民。皇太子妃として最後となった昨年の誕生日の文書でも「感謝」が五回、「お礼」が二回使われていたから、大切にしている気持ちなのだとわかる。

もう一つの特徴は、自分のことはごく抑制的に語るという姿勢だ。これも皇太子妃時代から変わらず、雅子さまの文書に接するたび、生真面目な女子高生の姿が頭に浮かんでくる。スカートも靴下も校則通りにはく。長かったり短かったりというような、はみ出すことは決してしない。たぶん雅子さまは、具体的エピソードを明かすことは、はみ出すことだと感じているのだろう。今回の文書でも雅子さまは、あくまでも真面目で優等生だ。

美智子さまのディテール力のことは、この章の最初に書いた。会見でも文書でも、美智子さまの言葉からは「光景」が浮かび、そこから「素顔」が浮かんでくる。具体的エピソードのつかまえ方、伝え方、どちらもとても上手なのだ。

雅子さまを美智子さまと比べることはしたくないし、前例を打ち破ってほしいと書いたばかりだ。だが、雅子さまの文書からも、体温がもう少し伝わってきたらいいのに。本当のところを言うならば、そう思ってしまう。

とはいえ、体温が全く伝わらないかと言えば、そんなことはない。ごく抑制的な表現の中から、静かに「雅子さまらしさ」が浮かび上がる。そういうキーワードが、何かしら見つかるのが雅子さまの文書だ。

前年の文書では「研鑽」という言葉がそうだった。皇太子妃として最後の誕生日にあたり「この先の日々に思いを馳せ」て、「研鑽を積みながら努めてまいりたい」とあったことはすでに書いた。この言葉があって、私の中の雅子さまは「生真面目な優等生」になった。規則を守り、勉強を頑張る高校生。

今年の文書にも、雅子さまの素顔が垣間見えたところがあった。やや長くなるが引用する。キーワードは「思いがけない」だ。

〈天皇陛下のご即位以来、5月の皇居での一般参賀や、11月の国民祭典、祝賀御列の儀などの折に、多くの国民の皆様から、思いがけないほど本当に温かいお祝いを頂きましたことに、心から感謝しております。また、この7か月の間に、地方への訪問、都内での行事などを通して、国民の皆様と接する中で、多くの方々から温かいお気持ちを寄せていただいたことを嬉しく、またありがたく思いながら過ごしてまいりました。〉

令和になって以来、陛下と雅子さまの行くところには大勢の国民が集まる。「陛下ー」「雅子さまー」と手を振る人々。今では見慣れた光景なのだが、そのことを雅子さまは「思いがけないほど」のことだったと表現しているのだ。

それほどまでに深かった傷

二つのことを思った。一つは、雅子さまという方はごく控えめな方なのだということ。もう一つは、皇室に入って以来の日々が、雅子さまの「自信」のようなものをずいぶんと奪ってしまったのだろうということだ。

だって、皇后なのだ。唯一無二の存在だ。「日本国の象徴であり日本国民統合の象徴」であると憲法に定められているのは「天皇」だが、新しく「皇后」になった人のことを国民がお祝いするのは当然と言えば当然で、驚くことではない。なのに、それを当の本人が、「思いがけない」と言い、「本当に」「温かい」お祝いだったと重ねて形容している。その事実に驚いた。

雅子さまを直接知る人は、雅子さまのことを「控えめな人だ」と口をそろえる。一般の友人だけでなく、雅子さまと交友のある記者もそう証言している。そのことは知ってはいたが、「ハーバード大↓東大↓外務省」という華麗なキャリアからイメージされるのは、「強い女性」だ。

「強さ」があることは、これまでに何度も書いてきた。だが、雅子さまの「強さ」は「図太さ」とセットのそれではなく、「繊細さ」とともにあるものなのだろう。そのことの表れの一つが「控えめさ」で、今回の「思いがけない」もそれを実感させる言葉だ。

繊細な人だからこそ、雅子さまは健康と同時に「自信」を失い、傷も負った。その傷はこちらの想像を超えるほど大きく、国民との距離も遠く感じるようになっていたのだろう。それがわかる「思いがけない」という言葉で、雅子さまのつらさがそれほどだったのか、と胸が痛む。だが令和になってからの日々で、傷は修復されていることもわかる。文章が、こう続くのだ。

〈日本国内各地で出会った沢山の笑顔は、私にとりましてかけがえのない思い出として心

に残り、これからの歩みを進めていく上で、大きな支えになってくれるものと思います。〉

皇太子妃時代と変わらず、文書と同時に「医師団見解」が公表された。それによれば、雅子さまは体調に波があり、「過剰な期待を持たれることは、今後のご快復にとって、かえって逆効果となり得る」とのことだった。即位の行事を中心に「特に強い責任感を持って」取り組んできたという記述もあり、雅子さまの「研鑽」が目に浮かびもする。

即位の行事が終わり、責任感の糸が切れてしまうと、また体調が悪くなるのではないだろうか。そんな心配も浮かんでくる。一方で、こうも思う。陛下がいるから大丈夫。

陛下と目を合わせておしゃべり

文書とともに公開されたビデオで、陛下と雅子さまは目を合わせておしゃべりをしていた。上皇さまと美智子さまにはほとんど見られなかった光景で、これこそが令和流だと思った。

全部で二分三十八秒のビデオのうち、一分四十四秒は陛下と雅子さまがお二人で映っている。そのうちの最後の十八秒はそれぞれのアップが映るが、それ以外はお二人が画面に並ぶ映像だ。計算すると一分二十六秒。その間、お二人は休むことなく話している。

音楽が流れていて、声は聞こえない。解説によると、「即位の礼の祝宴などで出席者に贈られたボンボニエールや、大嘗祭の関連儀式で飾られた銀製の調度品を前に語らう様子」だそうだから、思い出話に花を咲かせていたのだろうか。

お二人とも、とても楽しそうだ。和気あいあいとした様子からお二人の信頼感、対等な関係性が伝わってくる。

雅子さまは文書の中で「これからの日々」について、このように書いている。

〈陛下とご一緒に、国民の皆様の幸せを常に願いながら、寄り添っていくことができましたらという思いを新たにしてまいりました。〉

来年こそは、会見で雅子さまの声が聞けるのではないだろうか。陛下とご一緒なら、前例を打ち破ることも怖くないはずだから。

林真理子さんになり代わり、期待を込めてそう予想しておこう。

第4章 秋篠宮家が示すもの

1　紀子ちゃんが「皇室顔」になるまで

紀子さまへの嵐のようなバッシング

秋篠宮妃紀子さまが五十三歳になった二〇一九年（令和元年）九月十一日、宮内記者会からの質問に文書で答えたのは、「皇嗣妃」という立場になったからだった。前年までは秋篠宮さまのお誕生日会見に同席し、所感などを述べてきた。しかし、「天皇の次男の妃」から「皇太子に相当する人の妃」と、より重い立場になったことから、「自身の誕生日にも単独で」と宮内記者会が要求、宮内庁が応じたという。

質問は三つだった。一つ目が「皇嗣妃としての活動の感想、今後の抱負、皇嗣になった秋篠宮さまの様子」、二つ目が「三人のお子さま方の近況」、三つ目が「眞子さまの結婚問題」だった。

短くまとめるなら、一つ目には「新たな立場に伴う責任を感じつつ、力を尽くして参りたい」と答えられ、二つ目には眞子さま、佳子さま、悠仁さまと年の順に、日々の様子を語られた。中学生になった悠仁さまについては、初の海外旅行としてブータンを訪れた際に「英語での説明も懸命に理解しようとしていました」と明かされた。

回答から浮かんでくるのは「子育てに、公務に、忙しい日々を送る紀子さま」ではあるのだが、そうは報道されない。三つ目の質問への回答が、大きく見出しになってしまう。

小室圭さんとの結婚を延期している長女の眞子さまについて紀子さまは、「延期のことも含め、現在、長女は、さまざまな思いを抱えていると思います。このような状況で、長女の気持ちを推測するなどして現状や今後についてお伝えすることは、控えたいと思います」と回答された。秋篠宮家の窮状が、浮かんでくる。

紀子さまが一部週刊誌のバッシング報道の嵐にさらされるようになったのはいつからだろうと振り返ると、二〇一一年（平成二十三年）、「秋篠宮家『紀子妃殿下』氷のごときミーティング」（「週刊新潮」八月十一・十八日号）に端を発するようだ。それまでは、もっぱら雅子さまがターゲットだった。だから私は、「氷のごときミーティング」を見た時、「たまには目先を変えたのだな」と思ったものだった。案の定、雅子さまへの「公務より私を優先している」という批判は同年九月、愛子さまの校外学習に二泊三日で付き添ったことで頂点に達したように見えた。

だが、紀子さまへのバッシングは、目先を変えた程度では済まず、「氷のごときミーティング」以来どんどん増えた。雅子さまの調子が上向き活動の幅が広がるに連れ、皇室におけるバッシングの対象は、小室さんという微妙な立場の人を除くと、もっぱら紀子さまになった。

そういう状況を受け、林真理子さんはこう書いた。

〈いつのまにか紀子さまがヒール役を担わされてまことにお気の毒である。ご婚約の時の、愛くるしく清楚な「紀子ちゃん」を知っている者にとって、昨今の「皇室顔」となられた紀子さまにはあまり親近感がわかない。それでもいつのまにかヒール役を負わされていて、私は憤っているのである。〉

（「週刊文春」二〇一九年八月十五日・二十二日号）

確かに昨今の紀子さまの表情は、いつも同じようだ。口角は上がっているのに笑ってないような、笑おうとしているのに楽しくなさそうな。これを「皇室顔」と表現するところが、林さんの林さんたるゆえんだろう。

紀子さまは無理をしている、または無理を強いられている。それが表情に出ているのだとしたら、皇室という存在そのものが「紀子ちゃん」をそうさせている。林さんはそういうことが言いたくて、「皇室顔」と書いたのだろう。「親近感がわかない」と距離を取りながら、きちんと「皇室」の問題を浮き彫りにする。そして、最後に「憤っている」とメディアを批判する。

さすが、林さんである。

皇室に嫁ぐべくして嫁いだ人が

かく言う私も、「愛くるしく清楚な『紀子ちゃん』」を知っている世代だ。

一九八九年（平成元年）九月、ご婚約内定後の記者会見に現れた、二十三歳になったばかりの川嶋紀子さんをよく覚えている。はにかんだような笑み。上げた前髪を紺のバレッタで留め、胸元にはパールのネックレス。「オヤジギャル」などという言葉がはやり、厚い肩パッド入りの服が当たり前な時代にあって、紀子さんの紺のワンピースはパフスリーブだった。

記者から「礼宮さまが初恋の人ですか」と聞かれると、礼宮さまの方を向いて「申し上げてよろしゅうございますか」と尋ね、「そうでございます」と答えていた。学習院大学の一年上の先輩と出会い、好きになって結婚する。その隠し切れないうれしさを素直に表しつつ、皇室ルールもきちんとわきまえている。そんな女性だとわかる会見だった。

紀子さんの父は学習院大学教授で、一家は3LDKの「学習院第5共同住宅」に住んでいた。しかもそこにはテレビがないと報じられた。ゆっくりと丁寧な言葉遣いも珍しく、世の中は直ちに紀子さんを「究極のお嬢さま」と認定した。バブルの浮かれた時代に、皇室に嫁ぐべくして嫁ぐ人だなあと思ったものだった。

一九九〇年（平成二年）六月にご成婚、翌年には長女の眞子さまが生まれた。眞子さまが二歳になろうという一九九三年（平成五年）八月、軽井沢で夏休みを過ごすご一家のワンシーンが忘れられない。

半袖のブラウスとスカートの紀子さまが、アップリケのついたロンパースに白い帽子をちょこんとかぶった眞子さまを抱っこしていた。隣の秋篠宮さまはゆったりとした長袖シャツ。おしゃれなご一家だった。

そこへやって来たのが、散歩中のゴールデンレトリーバー。眞子さまが興味しんしんで手を伸ばそうとすると、いきなりジャンプした。驚いた眞子さまが「こわいー」と紀子さまにしがみつく。すると紀子さまは、こう言われた。「お友だちになりたいのね」

今ならたぶん「神対応」と言われたはずだ。眞子さまが動物嫌いになることを防ぎ、「天皇陛下の初孫」に飛びかかった犬の飼い主も救う、究極の一言だ。賢く、優しいお母さんなのだと、誰もが思ったろう。この映像はテレビでヘビロテされ、一九九四年（平成六年）に佳子さまが生まれた時にも放送されたと記憶している。

佳子さま誕生の前年、皇太子さま（当時）と雅子さまがご結婚。外務省に勤めるキャリアウーマン、それに加えて大変な美人という「超才色兼備」の皇太子妃に、すぐ「雅子さまブーム」が起きた。これは、長男次男の関係性を思えば何の問題もないことだ。紀子さまのストーリーが大きく変わったのは、やはり二〇〇四年（平成十六年）だろう。

五月、皇太子さま（当時）から「雅子のキャリアや、そのことに基づいた雅子の人格を否定するような動きがあったことも事実です」という発言があり、それが雅子さまの長い「適応障害」の始まりだった。

そこから振り返るなら、二〇〇一年（平成十三年）十二月に雅子さまが愛子さまを出産、二年後の十二月に帯状疱疹で入院した。その七日後、宮内庁長官が「秋篠宮家に第三子をのぞみたい」と発言している。悠仁さまが誕生したのは、二〇〇六年（平成十八年）。「男子出産」というキーワードが、皇室に生きる女性に重くのしかかっている。それは雅子さまだけに限った問題ではないことは、男子を出産したのちの紀子さまの苦境が証明していると思う。

妻が夫に意見を言える普通の「家」

話を「人格否定発言」のあった二〇〇四年（平成十六年）に戻す。

十一月、秋篠宮さまが三十九歳の誕生日を迎えるにあたり、記者会見をした。例年通り、紀子さまも同席した。その時のお二人のやりとりは、一問一答形式で宮内庁ホームページに載っている。総じて言うなら、秋篠宮さまは兄に対し厳しい目を持っていた。「人格否定発言」以来の皇室をめぐる報道、論議などをどう受け止めているかという問いに、こう答えている。

「私の感想としましては、（略）少なくとも記者会見という場所において発言する前に、せめて陛下とその内容について話をして、その上での話であるべきではなかったかと思っております。そこのところは私としては残念に思います」

記者から、「雅子さまは東宮御所での生活にさまざま苦労をしたと皇太子さまが発言しているが、お二人はそうした経験があったか」という趣旨の質問があった。これについてもお二人の答えが記録されている。

まず秋篠宮さまが、「（苦労とは）どういう意味なのかを皇太子殿下本人に尋ねた」ことを明かした。それはふだんの生活でもいろいろな人が働いていて配慮がいること、外出も容易でないことだそうだと述べた。その上で、「私たちにそのような苦労があったかというと、主に私というよりも家内に関係するのかなと思います」と言った。

そこで紀子さまが、「あちらとは、規模が」と小さい声で言葉を挟んだ。ただしこれは、宮内庁ホームページから、省かれている。

ホームページに記録されている紀子さまの言葉は、極めて優等生的なものだ。「不安や戸惑いもあったが人々に支えられ、試行錯誤をしながら一つ一つを務めてきた」という趣旨で、雅子さまのことを論評する立場でない紀子さまとしては当然だろう。でも私は、小さな声の「あちらとは、規模が」に紀子さまがあると感じたし、今もそう思っている。

皇太子一家の「東宮家」と弟である「秋篠宮家」では、予算も職員の人数も全く違う。バッシング報道が盛んになってからは、それが紀子さまの「苛立ちの原因」などと、何度も書かれている。だが「あちらとは、規模が」を聞いた時、私が感じたのは、兄夫婦に厳しい目を持つ秋篠宮さまをフォローする紀子さまの客観性と気遣いだった。

「前提が違いますよ」と客観的にとらえ、兄への距離がある夫をクールダウンさせる気遣い。

「申し上げてよろしゅうございますか」と許可を取っていた婚約時代から、即座に反応できる関係になったのだな、とも思った。秋篠宮さまの「家内」という表現も、「妃殿下」という立場の人を指す三人称としてはあっさりしていて好ましいと感じた。二人にとって秋篠宮家は、普通の「家」なのだなと思えた。そこは、妻が妻なりの方法で夫に意見を言える、そういう家なのだな、と。

この会見で「紀子さまが皇室での存在感を増している」と報じたメディアもあった。それも含め、苦悩する雅子さまと紀子さまとを対比させる記事が増えていった。見事なまでに、という言い方は不謹慎かもしれないが、対照的な二人だった。

「将来の天皇」を育てる重圧

社会人経験のないままに皇室に入った紀子さま。外交官という道を捨てた雅子さま。初恋の人との「キャンパスの恋」を実らせた紀子さま。一度は断ったプロポーズを、「皇室外交」という新たな道に期待をかけて承諾した雅子さま。

紀子さまの、公務に子育てに励む姿から雅子さまを見れば、適応障害は「怠け」に見える。雅子さまの、自己実現を果たせずもがく姿から紀子さまを見れば、その日々は無批判な「過剰適応」に見える。「あちらとは、規模が」から二年、二〇〇六年（平成十八年）九月、秋篠宮家に長男・悠仁さまが生まれてからは、ますます複雑な構図となった。

天皇家には四十一年ぶりの男子誕生という慶事で、「皇室の危機を救った」と評価された。だがそれは一方で、「本来、長男の嫁である人の仕事を、次男の嫁がしてしまった」ことでもあり、その落差にメディアがつけ込んだのだと思う。

その証拠に、という言い方もおかしいのだが、バッシング報道において「紀子さまが職員を叱責する時に使う」とされる言葉に、こんなものがある。

「悠仁は私たちだけの子どもではありません。両陛下からお預かりした大切な命なのです」

私など、こんなわかりやすい芝居がかった台詞を口にするだろうか、とかえって疑う。一方で、「言うかもしれない」と思わせてしまう事情は確かにあり、これこそが「男系男子問題」だと思う。男女が関係なければ、はなから雅子さまは苦しんでいないのだが。

林さんの「皇室顔」という表現が気にかかり、ある報道写真の検索サイトで紀子さまの写真をチェックしてみた。「秋篠宮　紀子さま」と入力してヒットした写真は、婚約前のものから五十三歳のお誕生日までで四千点以上。紀子さまが婚約会見で見せた「心からうれしそうな笑顔」はいつ消えたのか。そんな目で見てみた。

写真に残る紀子さま、ものすごく働いている。年に複数回の外国訪問はアフリカや南米にまで及び、全国津々浦々を公務で歩き、合間にお子さま方と「戦争」を学んだりしている。外国にいる時の方が服装も華やかで、笑顔も自然だ。二〇〇六年（平成十八年）、皇太子ご一家（当時）がオランダで静養された時、雅子さまと愛子さまが日本では見せないような笑顔だったことを思い出した。皇室という重荷。

紀子さまの表情を追うと、やはり悠仁さまの誕生以降、厳しくなっている。笑っていても、どこか緊張感がある。笑みであって笑みでない。そんな表情が目立つ。子どもの成長を見守り、喜ぶ気持ちと隣り合わせで、紀子さまにはいつも「将来の天皇」を育てる重圧があるのだろう。そのしんどさを抱えながら、心から笑えと言われても、紀子さまだってつらいだろう。

美智子さまが民間から嫁ぎ、「開かれた皇室」への道をつけた昭和。平成になり雅子さまが病を得たことで、「幸せな天皇ご一家」では済まないことが明るみに出て、ストーリーが複雑になった。眞子さまが選んだお相手の小室圭さんも、複雑さの一つの表れだと思うが、その話は後述する。

複雑さとは、ものごとに光と影を与えるものだ。だが、こと皇室に限っていうなら、影の部分が目立ちがちだ。そして、それを体現させられているのが今の紀子さまで、メディアがそんな紀子さまを消費している。

紀子さまの現状を憤っているのは、林さんだけではないはずだ。

2 佳子さまの「回答拒否」とプライバシー

きっぱりとした自己主張

秋篠宮家の次女、佳子さまは、美貌とファッションセンスで話題になることが多い。最近ではもっぱら「ダンス」が話題になる。

だが、私のイチオシは、佳子さまの芯の強さ。きっぱりと自己主張をする女性だ。

二〇一九年（平成三十一年）三月二十四日、国際基督教大学（ＩＣＵ）を卒業するにあたってのお言葉からも、それがはっきり見えた。「お相手はいらっしゃいますか」という質問に、こう述べられたのだ。

「相手がいるかについてですが、このような事柄に関する質問は、今後も含めお答えするつもりはございません」

宮内記者会からあらかじめ出された質問への文書回答だった。念のため書いておくと、「お相手」とはつまり「結婚を意識するような相手」または「交際相手」のことだろう。その有無を問われた佳子さまの答えを、私なりに翻訳するとこうなる。

「その手の質問には、未来永劫、答えません」

宮内記者会相手に臆するところのない、きっぱりとした拒否。しびれた。

だが、ほとんどのメディアは、ここではないところに注目していた。姉の眞子さまと小室圭さんが「結婚に関する儀式を延期していることについて、家族としてどう受け止めているか」と聞かれ、「私は、結婚においては当人の気持ちが重要であると考えています。ですので、姉の一個人としての希望がかなう形になってほしいと思っています」と答えられたのだ。

「答えを差し控えたい」で済ませてしまえる質問だったから、この回答ももちろん素晴らしい。姉を思う気持ちだけでなく、「皇族にだって自由がある」という主張にも読める。さすが、佳子さま。己の思いを隠さずきちんと表明する。

先述したが、そういう方だということは知っていた。この文書回答の五年前、二〇一四年（平成二十六年）十二月、佳子さまはご成年を迎えるにあたっての記者会見に臨まれた。「ご家族はそれぞれ、どのような存在ですか」という質問があった。両親、姉、弟、祖父母である両陛下について答えてほしい、という注文だった。

佳子さまは、まずは父である秋篠宮さまの話から始めた。「話していると考えさせられる」「様々なことを知っている」とほめ、その後に「家の中に出てきた虫を捕まえてくれるなど、頼りになる面もございます」と笑わせた。次いで、母の話。こう答えられた。

「母は、週刊誌などでは様々な取り上げ方をされているようですが、娘の私から見ると、非常に優しく前向きで明るい人だと感じることが多くございます。幼い頃は手紙にスマイルの絵を描いてくれたことが、よく印象に残っております」

前章で使った表現だが、佳子さまには祖母・美智子さまに連なる「ディテール力」があると思う。「家の中に出てきた虫」「手紙に描かれたスマイルの絵」。情景が見えてきて、語る人、語られる人、どちらにも共感を覚える。さらに「私の目に映る母はこうなのだ」と具体的に語り、メディアへの反論をする。凛々しい女性だ。

それから四年。大学卒業会見での二十四歳になられた佳子さまは、「公開するプライバシー」に線引きをしてみせた。宮内記者会からは「お相手」以外に、「結婚の時期」「理想の男性像」も尋ねられた。時期については、「遅過ぎずできれば良いと考えております」。理想の男性像については、「以前もお答えしていますが、一緒にいて落ち着ける方が良いと考えております」。

以前というのは二十歳の時の会見のことで、「理想の男性像は、一緒にいて落ち着ける方がいいと思っております」と答えている。「いい」と「良い」、「思う」と「考える」という違いを除けば、あとは同じ。見事なまでの素っ気なさに、「何度聞いても答えは同じ、ここまでしか言いません」。そんな強い意思が、感じられる。

スリーサイズまでさらされてきた歴史

これまで女性皇族の側から、プライバシーの境界線を口にすることなどなかった。大げさに言えば、佳子さまは歴史を変えた。そう言っていいと思う。

そのことをわかっていただくため、歴史を振り返る。皇室に生きる女性と「プライバシー」の歴史だ。まずは上皇后美智子さまから。

正田美智子さんと皇太子さま（当時）の結婚が発表された一九五八年（昭和三十三年）十一月、メディアは正田さんのさまざまな「横顔」を報じた。例えば、こんな記述。

「一メートル六十一センチ（五尺三寸）、五十キロ、中肉中背、スポーツ好きで健康そのもの」（朝日新聞号外）

「一家大柄の血をひき、身長一六〇センチ余、体重五〇キロ強、均整のとれた肢体である」（毎日新聞特別夕刊）

「子供のころひ弱だった美智子さんもスポーツですっかり鍛えられ、いま身長一メートル六十、体重五四キロ、バスト八〇、ウエスト五八・八、ヒップ九一・二五センチの立派な体格」（読売新聞夕刊）

それぞれ少しずつ数字が違うのは、ニュースソースが違うのだろうか。それにしても、現代から見れば、「おいおい、バスト八〇って」である。

だが元新聞記者として想像するのは、当時の男性記者（間違いない、全員男性だ）は皇太子妃になる人の「健やかさ」をアピールしたかったのだと思う。「戦後」の空気もあったろうから、「大柄」や「立派な体格」はプラスイメージだったろう。そういう人が、皇太子妃になる。善意の報道だったはずだし、プライバシーという概念は浸透していなかっただろうと思う。

それから三十五年。小和田雅子さんが皇太子さま（当時）と結婚することが決まった一九九三年（平成五年）、宮内庁から報道用に配布されたプロフィールで雅子さまの身体情報は、身長だけ。各メディアがその数字を報じ、朝日新聞は「皇太子さま１６３センチ、雅子さん１６４センチ」と書いている。

「ご懐妊はまだか」光線

一九八六年（昭和六十一年）に男女雇用機会均等法が施行された。それ以後、女性だけでなく男女平等に情報を、というくらいまではメディアの意識も変化していたとは思う。でも、デリケートさはしょせんそこまで。

「女性自身」はご成婚直後から「雅子さまの幸せ〝ハマナス日記〟」という連載を始めた。十一回目はこんな見出しだった。

「雅子さま、〝マタニティ風スーツ〟と5日間のご静養！」（一九九三年十月五日号）

今、職場で結婚したばかりの女性に「あら、そのスーツ、もしかして赤ちゃん？」などと言う人はめったにいないと思う。万が一、言おうものなら、即アウトだ。だが、当時の雅子さまには「あり」だった。

そもそも連載六回（八月二十四日号）で、もう「雅子さま、〝ご懐妊態勢〟に『もしや？』の声！」と打ち上げ、十二回（十月十二日号）は思わせぶりに「周囲も声をかけにくい――雅子さま、殿下と私室に〝こもりっきり〟！」と書いていて、あからさまな「ご懐妊押し」だ。

美智子さまは結婚十カ月後、紀子さまは十六カ月後に第一子を出産されている。実際十月五日号〝マタニティ風スーツ〟の記事は、「ご成婚から3カ月だが、美智子さまもその頃に懐妊の兆候が見られ、紀子さまは懐妊発表の翌日からマタニティ風ドレスに変わった」などと書き、「雅子さまにも、いよいよ……？」と締めくくっている。

元雑誌記者として当時の編集部の気持ちを代弁するなら、「美智子さまも紀子さまもそんな感じだったんでー、そんなこともあるかなー」くらいだったと思う。悪気がないとも、気楽な感じともいうべき緩さだったと想像するし、編集部の気持ちをさらに付け加えるなら、「国民も期待してるんでー」だったと思う。

期待していたのは国民だけではない。皇室医務主管を長く務めた金澤一郎さんが、「皇室では、外国の王室も同様ですが、まずは『お世継ぎ』を期待されます」と証言していたことは、すでに紹介した。雅子さまは、メディアからだけでなく皇室内部でも、ガンガン「ご懐妊はまだか」光線を浴び続けたということだ。

雅子さまの結婚三年目から五年目に毎日新聞の宮内庁担当記者をしていた森暢平さんは、東宮侍医が雅子さまの体調を説明するのに「生理がありました」などと言うことに、「最大のショック」を覚えたと語っている（「アエラ」二〇〇六年三月二十七日号）。「ご懐妊の情報をつかむのが仕事とはいえ、人の奥さんの生理の周期を聞かされるということに違和感を覚えました」と。

「皇室は究極のイメージ産業」と表現したのはジャーナリストの岩井克己さんで、政治学者の御厨貴《みくりやたかし》さんは、同趣旨を座談会の席でこう語っている。

〈象徴天皇制という制度は、国民の支持によって成り立っています。「開かれた皇室」をキャッチフレーズに、私的な部分、つまり理想の家族としてのプライバシーを国民に開放することで、人気と支持を勝ち得てきた。その切り札が、まさに美智子皇后だったのでしょう。〉

（『皇太子と雅子妃の運命』文春新書）

皇室というイメージ産業の発展のため、開放すべきプライバシーとして「懐妊」はありだよね。それが当時の、宮内庁サイドとメディアの認識だった。だから「マタニティ風スーツ」と書いてしまい、そこへの道として「生理」を説明する。

結婚について聞かれ続けた清子さま

同様に、若い女性皇族については、「結婚」に至る「交際相手」のことを国民が知りたいはず。それもメディアの前提になっている。上皇さまと美智子さまの長女・清子さま（現・黒田清子さん）に対し宮内記者会はそれを聞き続け、清子さまは根気強く付き合った。

初めての記者会見は一九九〇年（平成二年）、二十一歳の誕生日にあたってだった。結婚は「私にとりまして、まだ、実感から遠い感じです」とし、時期は「いついつまでにと申し上げてしまいますと、皇太子殿下のようなことになると思いますので」と「三十歳までには結婚を」と言いながら果たせていなかった兄を引き合いにして、ユーモラスに答えた。二年後、学習院大学卒業時の記者会見では「結婚というものには実感が薄いようでございます」、男性との出会いは「あったかもしれないし、なかったかもしれない」。再び兄の台詞を使って、切り返した。

その後、清子さまのお相手をめぐり、報道が過熱する。二十五歳の誕生日には「マスコミによって騒がれた多くの人々の生活が乱され、傷つきました。とても心苦しく残念に思います」と文書で回答された。だが二十六歳、二十七歳の誕生日にも「結婚」「お相手」を質問され、清子さまは「私なりの足並みで」「あまり理想を描いて考えることはしない」などと答え続けた。

二十七歳になって五カ月後、東欧訪問前に記者会見をしたが、そこでも結婚について聞かれた。清子さまはとうとう「これからは答えを控えたい」と明言した。だが二十八歳の誕生日にもまた聞かれ、「事を急ぐだけでなく大切に考えたい」と答えている。

新聞記事を追いかけると二〇〇〇年（平成十二年）、三十一歳の誕生日会見でやっと「結婚」という文字が消えている。その五年後、清子さまは三十六歳で都庁勤務の黒田さんと結婚された。

佳子さまは清子さまと違い、「天皇の子ども」ではない。ただ令和になれば「皇嗣の次女」となる。父の立場が重くなる前、まだ自分の立場が気楽なうちに、「相手については、今後も含め答えるつもりはない」と先手を打った。そういう解説をしてくれる人もいた。なるほどそうかもしれないが、立場だけではないようにも思う。

堀北真希さんと山口百恵さん

佳子さまの文書を読み、堀北真希さんを思い出した。俳優の山本耕史さんと結婚、現在は引退している。皇室の話と芸能界の話を一緒にするなという指摘は承知の上だが、「公開するプライバシー」への線引きという意味で、堀北さんの記憶と重なった。

二〇一六年（平成二十八年）、第一子を出産直後、彼女の事務所が発表したのは「母子ともに健康。性別など詳細を発表する予定はありません」だった。生まれた子が男の子か女の子か知らせない。最近ではよくあることだが、走りは彼女だったのではないかと思う。びっくりした。百恵さん世代だからだ。

山口百恵さんは第一子出産後、芸能界をすでに引退していたにもかかわらず、カメラの前に立った。夫の三浦友和さんと並び、長男を顔が映る角度で抱いていた。一九八四年（昭和五十九年）、引退から四年も経ってのことである。芸能界にも世間にも「芸能人＝公人」という意識が強くあり、双方が「公人は誕生した子どもを披露する」と認識している。そういう時代だったのだろう。

堀北さんは一九八八年（昭和六十三年）生まれ。一九九四年（平成六年）生まれの佳子さまとは、ほぼ同世代と言っていい。同じ世代を生きる者同士、プライバシーについて同じ感覚なのは不思議ではないと思った。

ただし、皇室において「同世代感」の表明は、リスキーでもあるだろう。「究極のイメージ産業」という岩井克己さんの言葉を再度使うなら、この産業を支えているのは税金だ。だから国民からの支持は必須で、己を主張するより「無難」で攻める方が得策だ。

などなどと考えると、佳子さまの強さをますます実感する。

ところで私は、紀子さまバッシングの記事を見かけるたび、佳子さまの「母は、週刊誌などでは様々な取り上げ方をされているようですが」という発言を思い出す。週刊誌の母とは違う、と言い切る娘。その強さと優しさを紀子さまが育んだ。その事実は、決して揺るがない。

そのことを紀子さまが、折に触れて思い出していますように。勝手にそう願っている。

3　次男という立ち位置

英王室「ハリーの乱」

一九九七年（平成九年）八月、英国のダイアナ元皇太子妃がパリで突然亡くなった時、スコットランドで静養中だったエリザベス女王は「王室を離れた人」に何の反応もしなかった。一方、ケンジントン宮殿前には何万という国民が花束を持って集まり、悲劇を悼んだ。

ロンドンに戻った女王は、うずたかく積まれた花を見て事態の重大さを知り、最大限の弔意を表した。二〇〇六年（平成十八年）のイギリス映画「クィーン」でも描かれた有名な話だ。

関東学院大学の君塚直隆教授は著書『立憲君主制の現在』（新潮選書）で、この時の国民の反応は「自己投影」だと書いている。サッチャー政権時代に推奨された「自由競争」で格差が拡大、「ダイアナも自分も弱者だ」という認識が広がっていた。「国民から支持を集めている」と信じて疑わなかった女王は、この状況についていけなかったが、教訓を得たとして、君塚教授はこう書く。

「これ以後、王室はホームページや最新の通信手段を利用して、広報活動に邁進した」

君塚教授はこれを「『ダイアナ事件』の教訓」と名付け、日本の皇室も国民のニーズに合わせた広報活動が必要だと訴えている。

二〇二〇年（令和二年）、年明け早々に勃発した英王室のお家騒動。主人公であるハリー王子とメーガン妃夫妻は、母の事件による教訓を当初は十分に生かしていた。

一月八日、「王室の高位メンバーから身を引き、一年の半分を北米で暮らし、『革新的で新たな役割』を模索したい」と発表したのがインスタグラム。同じ日に新たなウェブサイトも開設、収入の明細、財政的に独立する道筋など「二人のこれから」のアピールに邁進した。

情報戦を仕掛ける夫妻に、エリザベス女王も高速で対応する。十三日に「若い家族として新しい人生を築きたいという望みを全面的に支持する」との声明を発表。全面支援と思いきや、続く十八日に英王室が発表したのは二人の「称号返上」で、「公式に女王の代理もできない」という内容だった。

英メディアは「女王の鉄槌」と報じ、ハリー王子は「これ以上ない悲しみ」とコメントしたそうだから、女王が一枚上手だったということか。他国の王室はまるでドラマのように見られるなあと思っていたら、ガーディアン紙が「米動画配信大手ネットフリックスが夫妻の起用に関心を示している」と報じた。英王室、期待を裏切らない。

それにしても、兄のウィリアム王子の思いが伝わってこない。門外漢からすれば、弟があれだけ自由に発信しているのだから、兄だってどんどん発信すればよいのにと思う。とはいえ、それができないのが長男だということも想像がつく。次男の気楽さ。もう少し控えめに言うなら、自由さ。それを存分に発揮したのが、英王室「ハリーの乱」。他国のことなので、勝手に名付けることにする。

　などと、英国の「ドラマ」を眺めつつ、同じ次男である秋篠宮さまのことを思う。秋篠宮家は自由どころか、不自由すぎる、と思う。

秋篠宮さまは優秀な経営コンサルタント？

　英王室の騒動勃発直後、秋篠宮さまもハリー王子同様、十分に「セミリタイア」の資格があると思った。王子夫妻の決断の背景に「メディアの行き過ぎた取材」があると聞いたから、なおさらだ。紀子さまバッシング、小室圭さんへの誹謗、家族の不仲説……。秋篠宮家の状況は「書かれ放題」と言っていいだろう。私が紀子さまなら、秋篠宮さまに「私もカナダに住みたいんですけどー」とガンガン言っているところだ。

　とはいえ、秋篠宮さまはハリー王子とはまるでタイプが違う。そのこともわかっている。王子が次男の「自由さ」を謳歌するタイプなら、秋篠宮さまは次男の果たすべき「役割」を自覚し、それに基づいて行動する。そういうタイプだと思う。

　陛下と秋篠宮さまが、浩宮さまと礼宮さまだった頃の話をする。

第1章でも触れたが、学習院高等科の国語教師だった小坂部元秀さんの話を少し詳しく紹介する。小坂部さんは浩宮さまの学級担任として、皇太子ご夫妻（現在の上皇ご夫妻）と面談した。

浩宮さまの作文について小坂部さんが「個人の喜怒哀楽があまり出ていない」と言ったところ、美智子さまが「浩宮が長男ということで、私もいろいろと細かい点まで注意するようにしたため、のびのびしたところが多少不足するようになったのかもしれません。兄と比べて礼宮は次男ということで、逆にたづなをゆるめたようなところがあって、のびのびしすぎたようですけれど……」と語ったという。この言葉に小坂部さんは、「二人の立場に即した二様の対応をみせているということかもしれないとも思った」と書いている（「文藝春秋」二〇〇三年十一月号「皇后美智子さま51人の証言」）。

これもすでに触れたが、礼宮さまの生まれた一九六五年（昭和四十年）、皇太子さま（現在の上皇さま）は記者会見で教育方針を聞かれ、こう答えている。「上の方は自由に、下の方は窮屈にとの方針で育てたいと考えています」

長男であるご自身の願望だったのかもしれない。小坂部さんの証言から実際にはそうはならず、むしろ逆だったとわかる。それを小坂部さんは「二人の立場に即した二様の対応」と評したのだが、長じて秋篠宮さまは国民にいろいろな「気づき」を与えてくれる方になった。

例えば二〇一八年（平成三十年）十一月、五十三歳のお誕生日にあたっての記者会見。秋篠宮さまは翌年に控えた大嘗祭について、「宗教行事と憲法との関係はどうなのかというときに、それは、私はやはり内廷会計で行うべきだと思っています」とはっきり述べた。「政治的な発言」と批判をする人もいたが、私は当時、こんなふうに書いた。

〈秋篠宮さまが一般人だったら。失礼を承知の上で、そんなことを考えた。優秀な経営コンサルタントになったのではないだろうか。そう思った。〉

（「論座」二〇一八年十二月十一日）

この発言の前に秋篠宮さまは、「一つの代で一度きりのものであり、大切な儀式ということから、（略）公的性格が強い、ゆえに国の国費で賄うということだと。平成のときの整理はそうだったわけですね」と振り返った。

経緯を整理し、その上で「政教分離」という原則に立ち返り、意見を述べる。その手法に「コンサルタント」という言葉が浮かんだ。今どきの職業を例に出して言いたかったのは、発信するという秋篠宮さまの使命感と、その手法の確かさだった。

税金で運営されていることへの意識

秋篠宮さまは二つのことを、強く意識されている方だと思っている。皇室が国民とともにあること、そして税金で運営されているということ。その二つだ。

十年も前の話だが、二〇〇九年（平成二十一年）のお誕生日にあたって秋篠宮さまはこう述べている。

「皇族の数が今後減るということについてですけれども、（略）国費負担という点から見ますと、皇族の数が少ないというのは、私は決して悪いことではないというふうに思います」

それから九年、大嘗祭については「絶対にすべきものだと思います」とした上で、「できる範囲で、言ってみれば身の丈にあった儀式にすれば」と述べられた。

この二つ、同じ視点に基づいていると思う。日本という国をどう見ているか。その視点があってこそ、二つの発言になった、と。

大嘗祭について語ったのはお代替わり前、平成最後の会見。「平成はどのような時代だったか」という質問が出て、秋篠宮さまはこう答えている。

「バブルが崩壊して、経済の低迷といいますか、失われた10年とか、その後も含めて20年とか言われますけれども、ちょうどそのバブルの頃、それからその後でもって、人々の生活のパターンというのが変わったなというのは、私なりに何となく感じております」

人々の暮らしは良くなっていない。むしろ悪くなっている。それなのに、皇室は同じでいいのか。秋篠宮さまの問題意識はそこにある。

会見時、翌年の大嘗祭の費用は一九九〇年（平成二年）に行われた大嘗祭の費用（約二十二億五〇〇〇万円）より大幅に増える可能性があると報じられていた。最終的には二〇二〇年度の概算要求額も含め二十四億四〇〇〇万円となっているが、秋篠宮さまの論点は増額の多寡ではないと思う。

宗教性のある皇室の儀式に、多額の費用が使われる。それが今の時代、国民の理解を得られますか。それが秋篠宮さまの問いかけで、得られないという判断をもとに、「内廷費」つまり天皇家の私費で「身の丈にあった儀式」をするのがよいと語ったのだろう。会見から一カ月余経った十二月二十五日、朝日新聞が秋篠宮さまの「代案」を報じていた。大嘗宮を作らず宮中の「神嘉殿」を活用、あとは私費で賄うという案だった。

「関係者によると、秋篠宮さまは『天皇の代替わりに伴う諸行事は国民の理解のもとで執り行われるべきだ』との考えで、天皇陛下の退位の意向が内々に明らかになったことを受け、（略）繰り返し意見を述べてきた」。朝日新聞は、そう書いていた。

提示した具体案が実を結ばなかったにもかかわらず、秋篠宮さまは会見であえて発言した。第一義的には、国民に知らせたいというお気持ちだったろう。それと同時に私は、政権に気づきを促したと理解した。平成と違いお代替わりまでに時間があったにもかかわらず、「前例踏襲」と決めてしまった安倍晋三政権。令和になって振り返っても、元号を万葉集という「日本由来」のものにしたこと以外、お代替わりというものにきちんと向き合った形跡がない。

そういう中、秋篠宮さまが「政教分離」と「税金の支出」という二つの観点から意見を言った。安倍政権に、「僕たち、あんまり皇室問題、真面目に考えてないよね」と気づいてほしい。そういう意図があったのではと思う。

これは、次男にしかできない仕事だ。兄は生まれた時から、憲法が「国政に関する権能を有しない」と定めた「天皇」になると運命づけられている。だから「発言」は、自分の役割。そう思い定めているのが「のびのびと」育てられた秋篠宮さま。美智子さまはもしかしたら、そこまで見越して「二人の立場に即した二様の対応」をされたのかもしれない。

旧皇族の皇籍復帰を否定？

ところで、前述した「国費負担という点から見ますと、皇族の数が少ないというのは、私は決して悪いことではないというふうに思います」という二〇〇九年（平成二十一年）の発言。私は秋篠宮さまの「皇室は税金で運営されている」という意識の表れととらえていた。だが、別な視点から深く読み取っている人がいた。ジャーナリストの岩井克己さんだ。

岩井さんは秋篠宮さまの発言直後、それへの見解を雑誌「選択」に書いている。その文章が著書『皇室の風』に収められ、「秋篠宮の発信」というタイトルをつけられた。それを読むと、秋篠宮さまの発言が別な様相を見せてくる。

前提となるのが、この発言の前年である二〇〇八年（平成二十年）の宮内庁長官の発言。暮れに上皇さまが体調を崩したことに対し「私的な所見」と断った上で、「皇統の問題など皇室の将来への不安」が要因ではないかという見方を示していた。秋篠宮さまの会見は翌年の十一月だったが、長官の発言への見解、皇統の問題についての考えを記者から尋ねられていた。

皇位継承の制度自体については「国会の議論にゆだねるべきもの」とした上で秋篠宮さまは、「（天皇の）国事行為は別にして、皇族の場合、公的な活動はあるが、規定のある公務というものはないと考えていい」と述べた。

これは「皇族が減り、公務の担い手が不足する」という議論を秋篠宮さまなりにとらえ直したもので、「公務」の定義から論を進めようという意図だろう。当たり前だとみんなが思っていることを「原点に戻って考えましょう」と指摘しているわけで、これも実に「コンサルタント的」だと思う。

秋篠宮さまには、「アマチュア精神」があるのかな、と思う。兄と違う育てられ方をした分、「普通の感覚」に近い。そんな気がするのだ。

秋篠宮さまは「公務とは」を定義し直した上で、「全く別の視点になりますけれども」と言って、「国費負担の観点から皇族の数が減るのは悪いことではない」という見解を述べた。岩井さんはこの発言を、「まず旧皇族の復籍の必要性は否定したと解釈できる」と書いた。

確かに「国費、つまりは税金の観点から皇族が減ってもいい」を裏返せば、「皇統のために皇族を増やすのは税金の無駄だ」と読める。が、それだけではないと岩井さんの文章を読むとわかる。

「秋篠宮の発信」の初出（「選択」二〇一〇年一月号）の頃は、まだ国会における「女性・女系天皇論」の記憶が残っていた。それは二〇〇五年（平成十七年）に小泉純一郎政権が準備を進めていた「女性・女系天皇」を認める皇室典範改正案。

秋篠宮さまより若い男性皇族がおらず、「皇統断絶」は必至という事情からそれは必然であるとも言えたが、反対論も非常に強く、「旧皇族の皇籍復帰」を主張する人々も現れた。三笠宮家の寛仁親王もその一人だった。

改正案は紀子さまのご懐妊で沙汰止みになった。だが岩井さんは、寛仁親王を意識してのことと読めるように「天皇と秋篠宮は傍系宮家と一線を画したようだ」と書いた。そして秋篠宮さまの「皇室のこれから」との向き合い方をこうまとめた。

〈現実的で幅広な構えで向きあい、兄皇太子と話しあっていこうとの柔軟な姿勢を打ち出したのが今回の発言だったのではないか。〉

寛仁さまは二〇一二年（平成二十四年）に亡くなった。それから七年、平成は終わり、令和になった。退位特例法が付帯決議で「安定的な皇位継承を確保するための諸課題、女性宮家の創設等」について、速やかに検討を行うよう求めたが、安倍政権はスルーしている。首相のコアな支持層が「男系男子による継承」にこだわっているというわかりやすい理由があってのことだが、それにしても放っておき過ぎだ。

秋篠宮さまからあれだけ気づきを促されても、気づけないのか、気づかないことにしているのか。とはいえ、いつまでもスルーするわけにはいかない（はずだ）。ついてはぜひ、「まず旧皇族の復籍の必要性は否定したと解釈できる」と岩井さんが書いた、秋篠宮さまの「皇族の数が減るのは悪いことではない」発言をテークノートしていただきたい。

皇嗣になり、秋篠宮さまは「天皇に次ぐ」立場になった。かつての兄と同じだから、発言が慎重になる可能性はある。

だからこそ、ますますテークノートをお願いしたい。皇室の「次男」の貴重な意見なのだから。

4　小室圭さんが教えてくれること

月のうさぎに込められた思い

二〇二〇年（令和二年）一月十六日、皇居・宮殿で「歌会始の儀」が開かれた。雅子さまが十七年ぶりに出席されたことが話題になったが、私の心をわしづかみにしたのは、眞子さまの歌だった。

望月に月の兎が棲まふかと思ふ心を持ちつぎゆかな

お題は「望」。一読し、なんて内省的なのだと思った。過去の歌と全然違う。
歌会始は天皇、皇后をはじめ、成人した皇族が参加する。眞子さまのデビューは二〇一二年（平成二十四年）だった（お題は「岸」）。

人々の想ひ託されし遷宮の大木《たいぼく》岸にたどり着きけり

少し飛んで、二〇一五年（平成二十七年）のお題は「本」。

呼びかける声に気づかず一心に本を読みたる幼きわが日

二〇一九年（平成三十一年）は「光」。

日系の百十年の歴史へて笑顔光らせ若人語る

眞子さまの懸命さと賢明さが伝わる歌が並ぶ。ここで紹介しなかった歌も含め、二〇一九年（平成三十一年）まではすべて「場所」または「過去」の一場面を切り取っている。だが、二〇二〇年（令和二年）に切り取ったのは、心だった。

素人なりに口語訳してみるなら、「満月を見て、うさぎが棲んでいると思う。そんな心を持ち続けたい」といったところか。

日刊スポーツが「月の伝承を取り上げ、豊かな想像力を持ち続けることへの憧れを表現した」と伝えていた。私の意見は少し違う。「純粋さ」を詠んだのだと思う。

子どもの頃、月にうさぎがいると信じていた。ところが大人になってしまうと、満月を見ても「うさぎがいる」とは思わない。だけど「うさぎがいる」と思う、純粋な気持ちを持ち続けたい。そういう眞子さまの意思を表明した歌だと思う。

人を好きになる時、計算する人もいるかもしれない。だけど普通は、単に「好き」と思うものだ。眞子さまは国際基督教大学（ＩＣＵ）の留学説明会で小室圭さんと出会い、好きになった。その気持ちのまま、結婚を決めた。

それがいつの間にか、違うことになった。大人が寄ってたかって、「月にうさぎなんていないよ」と言いにくる。だけど、うさぎを信じた子どものように、純粋なままでいたい。眞子さまの、そんな心の叫びが聞こえてくる。不憫なり。

小室さんと小保方さんの共通点

小室さんと並んで婚約内定の会見をしながら、眞子さまの結婚が延期になると発表されたのは二〇一八年（平成三十年）二月だった。それから二年が過ぎようというタイミングで、眞子さまが詠まれた歌。不憫なり。

父の秋篠宮さまは歌会始のほぼ二カ月前、五十四歳の誕生日にあたっての会見で、「この次の2月で2年たつわけですね」「2月に今の気持ちというのを発表しているわけですので、何らかのことは発表する必要があると私は思っております」と語っている。眞子さまと小室さんは、どうするのだろう。

小室さんは現在、ニューヨークのフォーダム大学ロースクールで勉強中だ。婚約内定の会見時、補助的で資格がいらない「パラリーガル」という職業があれこれ論じられた。この留学で法律家を目指すことをはっきりさせたわけだが、それでも小室さんを見る世間の目はあまり変わらなかった。母の「借金問題」が消えないからだ。

小室さんという人のことを考える上で、一番示唆に富んでいると感じたのは、あるニュースサイトの編集者から聞いた言葉だった。

「見出しに名前があれば、必ずすごく読まれる記事になるのは、小室圭さんと小保方晴子さん」

なぜなのかと考え、気づいたのは二人の共通点だ。「一度は頂点にいた」が共通している。

小保方さんは「ＳＴＡＰ細胞」の発見、小室さんは「皇族との結婚」目前、ある種の頂点に立った。そこからの経緯や状況はまるで違うが、「頂点にいない」ことでは同じだ。立っていた頂点が高ければ高いほど、「そこにいない」ことが面白い。ザマアミロと溜飲が下がる。だから二人は「読まれる人」になるのだろう。

小保方さんの場合、ＳＴＡＰ細胞の再現実験は成功せず、博士論文にまで「不正」が見つかった。一方、小室さんには「母の借金問題」があるが、「四百万円を貸した」と言っているのは母の元婚約者で、母と小室さんは「借りたのでなく贈られた」という認識だ。二〇一九年(平成三十一年)一月には、「母に代わって」説明する文書も発表している。

だが、小室さんと母はメディアにとって今や「ツッコミどころ満載」の存在で、簡単に記事は減らない。同時に思うのは、小室さんを語ることが大なり小なり、「皇室のこれから」を語ることになるということで、そこが単なるスキャンダルと違う点だ。そういえば小保方さんという人も、日本における「科学」のありようをある種、示していたなあと思う。それも含め、二人は「読まれる人」なのかもしれない。

皇族に「結婚の自由」はないのか

「週刊ポスト」(二〇二〇年一月十七日・二十四日号)の「国論真っ二つの大激論21」という特集は、コンパクトに「小室さんから皇室を考える」切り口を示していてわかりやすい。

安倍首相は「4選目指すべき」か「早期退陣すべき」か。介護を受けるなら「在宅」か「施設」か。そのような「国論」と並んでいるのが、「眞子内親王と小室圭氏の結婚」を「進める」か「白紙」か。

二人の識者が登場、同じ行数で意見を述べる形式だ。眞子さまと小室さんの結婚問題は、漫画家の小林よしのりさんが「進める」立場、明治天皇の玄孫で作家の竹田恒泰さんが「白紙」

の立場で登場している。

竹田さんは、小室さんが皇室と関係を持つのにふさわしくない人物だと主張している。その理由は、これに尽きるようだ。

〈皇室とは公的な存在であり、関係を持とうとする人には一定の品格が求められます。残念ながら、小室さんはその基準を満たしてないように思えます。〉

一方の小林さんは「借金問題」について「借用書もなく、気にする必要なし」としたのち、以下の二つを述べている。

〈とにかく眞子さまは小室さんが好きなんだから、皇族だろうと何だろうと、人の恋路を邪魔してはいけない。結婚できないとしたら、眞子さまがあまりにかわいそうじゃないか。〉

〈わしは小室さんは男としてたいしたものだと思っている。皇族女性と結婚しようとするだけで勇気が要るし、こんなに批判に晒されてもニューヨークで法律の勉強をストイックに続けている。〉

ここで論じられているのは、皇族の生きづらさだと思う。皇族は、人としての「権利」をどこまで持つか。そういう問題を考える必要性を提起する人。それが小室さんなのだ。

小林さんは「人の恋路を邪魔するな」の「人」に、「皇族」も含まれると考えている。すでに紹介しているが、佳子さまの「私は、結婚においては当人の気持ちが重要であると考えています。ですので、姉の一個人としての希望がかなう形になってほしいと思っています」も同じ立場からの意見。「皇族も人です」と皇室の中から主張する佳子さま。この凛々しさは、次女ゆえかもしれないと思ったりもする。

結婚を白紙にすべきという竹田さんは、「皇室は公的な存在」だから「一定の品格という基準」を満たした人でないと関係は持てないとしている。慎重に「公的な存在」という表現を使っているが、「特別な存在だ」という主張だろう。

裏返せば特別な存在だから基準以下の人は入れないとなるのだが、これは眞子さま側からすれば「特別な存在だから、好きでも結婚するな」となってしまう。

そんなこんなで小室さんは、「皇族の幸福」を考えるきっかけを世の人々にくれた。

生きづらさを公言しないという美徳

朝日新聞は二〇一九年（令和元年）十二月六日、オピニオン面で「皇族という人生」を取り上げた。リードにこうある。

〈天皇即位で国民の間にお祝いムードが広がりました。ただ天皇や皇族一人ひとりの幸せや自己決定権はあまり考えられてきませんでした。皇族に「生きづらさ」はないのでしょ

うか。〉

あるに決まってます。私が眞子さまなら、そう言いたいところだが、眞子さまに代わってその記事は、世代や立場の違う三人に「皇族の不自由さ」について語ってもらっていた。

一九九六年（平成八年）生まれの山本麻都香さんは、日本大学芸術学部時代に映画祭「映画と天皇」を企画した人で、現在は映画会社勤務。山本さんの立場は、見出しがこう示す。「生きづらさ　美徳なんて」

皇族は「あるべき姿」を常に求められ、行動も制限されている。「幸せ」は人それぞれだから、制限の中で役割を果たす幸せもあるかもしれない。でも選択できる範囲が狭すぎる。そう山本さんは語る。同時に、「自分を犠牲にして、国民に尽くしてくれる」から、人々は皇室に感動するのだと考えることもある、とも。それでもやはり、「皇族と言っても人間です。終わりのない奉仕を求めるのは、理にかなっていません」と続けるのは、眞子さまの五つ下、佳子さまの二つ下という同世代女子だからか。

見出しが取られたのは、この言葉だった。「生きづらささえ、皇族は公言しないのが美徳、となっていないでしょうか」

一九六七年（昭和四十二年）生まれで『立憲君主制の現在』の著者、関東学院大学教授の君塚直隆さんも登場。見出しは、「国民の鑑　制約仕方ない」だった。

君塚さんは学者として、整然と「制約」の論理を語っている。前提にあるのが、天皇制を「民主主義を補完する機能として維持すべき」という考えだ。

日本の皇室、欧州の王室について君塚さんは、「政争や分断を超越した存在」ととらえる。そして、「特定支持層に縛られずに民主的価値の擁護者となり、弱者に寄り添い国民統合に寄与してきた」と。そういう存在を維持するためには、当事者は国民の支持を集める必要がある。そのためには国民の「鑑」でなければならず、ある程度、行動やプライバシーが制約されるのは仕方ない。それが君塚さんの意見だ。

誰も皇族と結婚しなくなる

山本さん、君塚さん、どちらの意見もよくわかる。そして、秋篠宮さまが二〇一八年（平成三十年）、五十三歳の誕生日にあたっての会見で、眞子さまの結婚について「（報道されているような）問題をクリアするということ」と、もう一つ「多くの人が納得し喜んでくれる状況」を求めたことを思い出した。

秋篠宮さまは、「そういう状況にならなければ、私たちは、いわゆる婚約に当たる納采の儀というのを行うことはできません」と語られた。それは、山本さんと君塚さんの間を行き来した結果の発言だったのではないかしら、と思う。

前項で秋篠宮さまのことを、「皇室が国民とともにあること」「税金で運営されているということ」を強く意識していると書いた。だから「鑑」でありなさい。君塚さんの表現を借りるなら、秋篠宮さまは眞子さまにそう言いたいのだと思う。だが、眞子さまの親としては、「皇族と言っても人間です」という山本さんの思いも、十分に理解しているはずだ。だからこそ、問題をクリアし「多くの人」つまり「国民」が喜んでくれるようにして、それで好きな人と結婚しなさい。そう言っているのではないかしら、と。

山本さんと君塚さんの間で揺れているのは、小林よしのりさんも同じだ。「週刊ポスト」で小林さんは「借金問題」について、「気にする必要はない」としたあとに、こうも言っている。

〈それでも世間が返せというなら、わしが４００万円ぐらい肩代わりします。〉

ちなみに「週刊ポスト」のこの特集は、「識者の意見」に加え、読者アンケートの結果も載せている。それによると「結婚を進めるべき」が二〇・七%、「白紙にすべき」が七八・一%。四百万円を返せば、「白紙にすべき」派の人たちは減るのだろうか。

小林さんは小室さんを「男としてたいしたものだ」と評価していた。その論拠の一つとして、「皇族女性と結婚しようとするだけで勇気が要る」と書いている。これは皇族の今の「生きづらさ」だけでなく、将来の「生きづらさ」も示唆している。私はそう思った。

小林さんの言葉を裏返せば、皇族女性は「勇気がなければ結婚できない」存在だということだ。さらに小林さんの意見を一歩進めればこうなると思う。

「文句ばっかりつけていたら、誰も皇族と結婚しなくなりますよ」

だってそうだろう。小室さんが「勇気」を発揮し、眞子さまと結婚しようとしたら、こんなことになっている。これから先、誰が「皇族との結婚」という火中の栗を拾いにいくだろうか。結婚したら皇籍を離れる女性皇族でさえこうなのだから、悠仁さまの相手はなおさらだ。小室さんのことと思っていると、悠仁さまのことになり、それって皇統の問題になりますよ。小林さんは、そこまで視野に入れて発言しているのではないだろうか。

若い世代で進む皇室離れ

さらにもう一つ、若い世代の皇室離れのことも考えた。

ネット関係の企業で働く三十代の男性と話をしたら、「僕らの世代は、眞子さまと佳子さま、名前は知っていても、どちらが上でどちらが下か、ちゃんとわかってないです」と言っていた。すごく驚いた。「佳子さまは人気なのでは？」と尋ねたら、「ネットニュースでたまに写真は見ても、長女か次女かは……」と返ってきた。今どきの表現を使うなら、彼は「リア充」を代表するような男子だ。そういう人が皇室に関心を持っていない。

皇室にかかわる人に「一定の品格」を求めたい気持ちは十分に理解できる。だが、そもそも若者は確実に皇室離れしているのだ。皇室に親しい気持ちを持つ若者はどこにいるのだろう。学習院？　眞子さまと佳子さまはご自身で、そこを離れることを選択している。

そして、こう考えた。小室さんは中学からインターナショナルスクールに通い、進学したICUで眞子さまと出会った。眞子さまが秋篠宮家の長女か次女か知らなかった、とまでは言わないが、皇室をあまり知らない男子だった。だから、眞子さまに近づく「勇気」があった。それが実態かもしれない、と。

皇室に無頓着な人だから、皇室に近づける。そういう時代だとすれば、もう眞子さまと小室さんだけに限った話ではない。

二人はこれから、どうなるのだろう。

第5章 愛子天皇はあるのか

1 「皇族女子」バーサス「万世一系」

私たち、どうなるのでしょう？

「皇族女子」という表現を初めて見たのは、「文藝春秋」二〇一七年七月号、「眞子さま降嫁で皇族が消える日」と題された座談会だった。

NHKの「眞子さまご婚約へ」というスクープ報道を受けての企画で、まだ小室圭さんの母の「借金問題」が報じられる以前だったから、出席者たちは彼の「経済的な不安定さ」は問題にしつつも、当時二十五歳だった眞子さまが結婚してしまうことへの「ショック」が主題になっていた。

ジャーナリストの岩井克己さんが、「もし新しい制度が整えば、『女性宮家』の当主第一号は眞子さまだろうとイメージしていたのは、私だけではないはずです」と語ると、京都産業大学名誉教授の所功さんがこう受けた。

〈私もびっくり仰天しました。昨年七月の「生前退位」報道と並ぶほどショックを受け、同時に、これから皇室はどうなるのだろうかという懸念が沸き起こってきたのです。これを機に、未婚の皇族女子がどんどん自由に恋愛結婚してしまわれるかもしれない。そうし

たら二十年後の皇室はどうなるだろうかと。〉

一九四一年（昭和十六年）生まれの所さんから出た「皇族女子」という言葉に、おおっと思った。これまで私は皇室に生きる女性を「女性皇族」と書いてきたし、各種メディアでもほとんどがそう書いていると思う。それが「皇族女子」だなんて、まるで「カープ女子」のようではないか、と。

が、実は「皇族女子」は「女性皇族」よりも堅い言葉だった。皇室典範で使われているのだ。

〈皇室典範第十二条　皇族女子は、天皇及び皇族以外の者と婚姻したときは、皇族の身分を離れる。〉

それでも「皇族女子」という言葉は、私の心をとらえた。

所さんは、「皇族数の減少」という課題が眞子さまの婚約報道でリアルになった。陛下の初孫が皇籍を出てしまう意味は大きいと訴えていた。そしてこう言ったのだ。

〈他の皇族女子の方々は「私たち、どうなるのでしょう？」とお考えのはずです。〉

グッときた。皇族女子は、私の隣にいる。そして、「私たち、どうなるの？」と叫んでいる。

そんな感慨にとらわれた。

「愛子天皇」について考えるために

最終章で「愛子天皇」について書こうと思う。愛子天皇を考えるとは、つまり「女性・女系天皇」を考えることだ。平成の時代、このことをほとんど考えてこなかった。理由ははっきりしている。前提になる知識があまりにもないから、遠ざけていた。

宮内庁ホームページの「歴代天皇陵の案内」というところを開くと、「天皇陵」の一覧が出てくる。「１神武（じんむ）天皇」「２綏靖（すいぜい）天皇」と始まり、「１２３大正（たいしょう）天皇」「１２４昭和（しょうわ）天皇」まで、振り仮名付きで百二十四人がナンバリングされている表だ。

戦中に教育を受けた人が「ジンム、スイゼイ、アンネイ、イトク……」とそらんじるのを何度か拝聴したことがある。それは単に「少国民教育のたまもの」だとは思いつつも、たじろいだ。「万世一系」の迫力に押された。こちらは『古事記』も『日本書紀』も、もろもろの歴史も知らないことが多すぎる。無防備にこの世界に分け入ると、「万世一系！」「男系男子！」感を出しまくる人々にやり込められてしまう。そう警戒し、「皇統」など語れるわけもないと、遠巻きに眺めるだけにしていたのだ。

何しろ宮内庁ときたら、ホームページでしらっと「１神武天皇」としている。無知とはいえ、それが歴史学ではほぼ否定された神話上の存在だということはうっすら知ってはいる。でも、何がどうしてどうなったのかはよく知らない。それなのに、名前をクリックすると「神武天皇畝傍山東北陵（じんむてんのう　うねびやまのうしとらのすみのみささぎ）」と、これまた振り仮名付きで詳細を教えてくれる。油断もすきもない。

平成の終わり、ある人から「愛子天皇に賛成ですか」と尋ねられた。虚を突かれた。正直なところ考えていなかったから、「悠仁さまと結婚したい人、そうそういませんよねー」と、お茶を濁した。

だが、改元をまたぎ、「愛子天皇待望論」がどんどん盛り上がるようになった。この現実に向き合うためにも、遠巻きはやめないと。そう思い、少しずつ勉強を始めた。

三浦しをんさんと本居宣長

などと、己の不勉強さを延々と書いたのは、私ほどではないにしろ「知識の不足」から「女性・女系天皇」問題を敬遠している人はいるのではないか。そう思ったからだ。学んだことを列挙はしないが、徐々に自分なりに考えればよいと思うようになった。いろいろな人が自分の言葉で「万世一系」を語っていたからだ。

原武史さんと三浦しをんさんの共著『皇室、小説、ふらふら鉄道のこと。』（KADOKAWA）は、刺激的な本だ。古典にも詳しい作家の三浦さんと、『平成の終焉』（岩波新書）、『皇后考』

（講談社学術文庫）などの著書がある政治学者の原さん。二人の会話で構成されている。三浦さんは、ビシッとど真ん中に質問を投げる。

「アマテラスは女性の神様ですが、その子孫であるとされる天皇家は、なぜ女系を採用しなかったんでしょうね」

原さんはすぐに答えず、話は永井荷風の『断腸亭日乗』や紫式部の『源氏物語』になる。三浦さんは「なぜ男系で正当性を担保しようとしたのか」という疑問に戻る。フェミニズムとか男女平等とか、そういう視点からではない。「天皇家の血筋が連綿と続いている」としたいなら、天皇の性別はどちらでもよく、「天皇の娘が産んだ子」から後継ぎを選ぶ方が確実ではないか。その点にこだわっている。

原さんは本居宣長の名前を出して、解説する。

〈原　そこには中国への対抗意識があったのではないでしょうか。中国では革命があって、始終王朝が交替する。それに比して日本はずっと一つの血縁で来ている、本居宣長のような国学者はそれが言いたいわけですね。もともとの日本人精神の中に天皇にとって代わろうとする野心はなかった、と。

三浦　うーん……？　重要なのは、「血縁」というよりも、むしろ「家」である。天皇家は、長く続いている「家系」だから貴いのだ。本居宣長が言いたいのは、そういうことですか？

原　ああ、そうですね。血縁というよりも家系と言った方がよいかもしれません。〉

私が勉強した本の一冊には、こうあった。

〈明治維新では、「神武創業」が唱えられた。（略）天皇の存在根拠となっていたのは、天照大神の天孫降臨の神勅である。初代の神武天皇が建国したとする『古事記』と『日本書紀』による記述を史実とみなした。（略）だが、天照大神以来の一系性がそれだけで絶対的な価値とされるようになったのは、十八世紀末の本居宣長以来のことだ。〉

（中野正志著『女性天皇論』朝日選書）

このことね、というわけではあるが、原さんと三浦さんという二人を得て、違う光景が見えてきた。本居って、会社にいるな、と思ったのだ。三浦さんも会社にいて、二人はこんな感じだ。

部下の三浦さんは「実態」にこだわる人だ。「確かに続いてるって言えるんですか？」と上司の本居さんに聞く。「ホントの子だかどうかとか、気にしないでいいんじゃないかな。だって、続いているんだからさ」。そう返すのが本居さん。

本居、ダメだ。私は、そう認定した。「ほら、もう上が決めちゃったから」で済ませるタイプの上司だ、と。

男系男子論の看過できない不自然さ

「男系男子、以上、終わり」と帰ろうとする人を「待て待てー」と追いかけてくれる人は、他にもいた。万世一系、恐るるに足らずかも、と思わせてくれる。東京大学史料編纂所教授の本郷和人さんもその一人。「文藝春秋」の「男系か女系か『愛子天皇』大論争」（二〇一九年七月号）という座談会の五人の参加者の一人だった。

直前の二つの世論調査の数字を受けて開かれた座談会で、一つは共同通信社が五月一日と二日に実施した調査の数字。「女性天皇を認めることに賛成」が七九・六％（「反対」一三・三％）だった。もう一つは、朝日新聞社が四月十九日付の朝刊で発表した数字。「女性も天皇になれるようにした方がよい」が七六％、「女系天皇を認めてもよい」が七四％だった。

ちなみに所功さんも、この座談会に参加していた。女性天皇を認めるにしても、「男系男子優先」か「直系長系長子優先」か。それにより愛子さまの順番が違ってくるという話をし、「とはいえ、前者であれ後者であれ、男系男子にこだわりすぎると、悠仁親王の後に男子が生まれなければ行きづまり、現皇室から遠い傍系に移らざるをえなくなると思われます」と言っていた。

所さんは、現実に即してものごとを考える人だと思う。だから、男性と女性を見る目に差別がない。彼の口から出る「皇族女子」が「カープ女子」の響きがするのは、そういうことだった。

国士舘大学特任教授の百地章さんが「男系男子」代表で、『女性天皇』『女系天皇』をめぐる議論で不審に思うのは、『旧宮家から皇族を』という選択肢もあるはずなのに、推進派がこれを意図的に隠しているように見えることです」と発言した。

所さんは「『旧宮家』の復活は、本質的に皇室と国民の区別を不明確にしますから、私は好ましくないと考えます」とすぐに言った。「旧宮家の皇籍復帰」は日本会議をはじめとする保守派の目指すところであり、その先には安倍晋三首相がいる。所さんは、そういうことも忖度しない。

またも会社の話にして恐縮だが、私は所さんのような上司がいたら圧倒的に信頼する。現実的にものごとを判断する。男女を区別しない。きっと社長の意見もおかしいと思えば、はっきり反対と言うだろう。

あ、所さん女子になってしまった。本郷さんの話をせねば。

「男系男子」派の弱み（という言い方も変だが）は、天皇家の歴史に十代八人の女性天皇がいたということだ。そこで彼らは「女帝のうち半数は独身、半数は天皇の寡婦で幼い皇子が成長するまでのつなぎ」だったと強調する。百地さんも「愛子天皇」を念頭に「（在位中は未婚のままという）過酷な条件を押し付けてまで天皇になっていただくのは、それこそ『人権無視』

ではないですか」と発言する。

「女性天皇」と「独身」はセットだと誰が決めたのだ、と立ち上がって会の進行を止めたくなる。だが本郷さんは冷静だ。「『女性天皇』が誕生したとして、今の世の中なら結婚を禁止することなどできません」と言った。そして、女性天皇が結婚すれば子が生まれ、そうなれば世論は「女系賛成」になる。「女性天皇」が誕生すれば、「女系天皇」は止められないと冷静に分析を続けた。

百地さんは「だから私は『（男系）女性天皇』も反対なのだ」と勢いづいた。

本郷さんは、「私は『男系』を守るべきか、『女系』も容認すべきかという議論をするつもりはありません」とあえて表明している。政治と距離を置く意思は持っているが、今という時代から見た「不自然さ」は看過できず、自然な流れとしての「行き着く先」を見ているのだと思う。だからこそ、こんな「男系男子」論を展開する。

〈そもそも「我々の祖先が男系を繋いでいこうと努力してきた」という見方自体が間違っていると思います。おそらくそういった意識はなく、女性天皇を置くことが〝イヤ〟だったというだけです。〉

すぐに「相撲のような、儀式に女性は不浄という考えか」と質問が出た。本郷さんの答えは、こうだ。

〈そうではなく、つまるところ、朝廷には「伝統万歳」という意識があったからでしょう。天皇は男性が多い。それを踏襲したかっただけです。（略）「男系」か「女系」かという発想ではなく、単に「女性天皇はイヤ」だった。〉

この後に本郷さんは「そもそも『男系』『女系』という発想は、明治以降につくられた考えです」と言っていて、これもよく言われていることではある。だが、本郷さんがこう語ってくれたことで、明治以前も朝廷が意識していたのは、「伝統万歳」という名の「前例踏襲」だったと知る。

つまるところは「女がイヤ」と「処女信仰」

本郷さんに刺激されたかのように大胆な意見を口にしたのが、国際政治学者の三浦瑠麗さんだった。百地さんが「皇室を一般の社会から区別するために、『男系を続けるしかない』と直感的に感じていたのでは」と、本郷さんの「前例踏襲」に反論した。そこで三浦さんが、「現代における男系男子の合理性」を論じた。

まず「天皇」に権力がない憲法上の存在である以上、跡目争いで戦乱の世となる心配はない、それでも「男系男子」を望む合理的理由は「悠仁さまや秋篠宮さまから皇位を取り上げるのは、どこか物騒だ」程度しかないと分析した上で、こう述べた。

〈それでもなお「男系を守ろう」という感情があるとすれば、その奥底にあるのは「高貴な女性が民間人の男性とセックスするのは嫌だ」という気持ちでしかない。つまり「斎宮は処女でなければならない」という処女信仰の伝統と結びついているのではないでしょうか。〉

三浦さんは、唯一の女性出席者だった。こういうことは、女性だから言えると思う。本郷さんが「それは否定しようがありませんね」と援護射撃をしてくれた。

「万世一系」の森に分け入ってみたらダメな上司の本居さんと出会い、最後に見えたのが「男系男子」にひそむ「女がイヤ」と「処女信仰」。ボーっと生きてんじゃねーよ（Ⓒチコちゃん）。万世一系、恐るるに足らず。

遠慮なく、皇族女子のことを考えよう。「男系男子」の皇室ゆえに、「メインストリーム」にいないことを前提にされている彼女たち。

「私たち、どうなるのでしょう？」。声なき声に、答えていきたい。

2　愛子帝と芦田愛菜首相という　ファンタジー

「ＡＡゴールデンエイジ」の悲観と楽観

二〇一九年（令和元年）も終わりに近い十二月七日、「サンドウィッチマン＆芦田愛菜の博士ちゃん」というバラエティー番組が、芦田さんのニュース映像を映していた。一カ月前、「天皇陛下御即位をお祝いする国民祭典」でお祝いを述べる、振袖姿の芦田さんだった。

「私も大好きな読書を通じ、知識を得ること、そしてその知識を踏まえて行動に移す、そのことが大切であるのではないかと考えるようになりました」

堂々とした芦田さん。サンドウィッチマンの伊達みきおさんが、目の前にいる芦田さんにこう言った。

「すごいすごいって知ってたけど、やっぱりすごいんだなー」

そう、芦田さんはすごい。そこから、愛子さまについて書いていく。

まずは、芦田さんの未来を「日本初の女性首相」と予測した小説を紹介する。タイトルは「ＡＡゴールデンエイジ」、ＫＡＤＯＫＡＷＡとはてなが運営する小説投稿サイト「カクヨム」

で読める。二〇一九年（平成三十一年）三月に公開され、ＳＮＳを中心に話題になった。冒頭を引用する。

〈結局、日本初の女性首相の座を射止めたのは芦田愛菜だった。初の女性であるばかりでなく、憲政史上最年少での就任だった。

平成が終わり、さらに愛機（ラブマシーン）がわずか12年で終わり、愛子帝の請振（ギミギミシェイク）が始まった。ギミギミシェイク13年、西暦２０４３年に芦田愛菜は39歳で首相に就任し、現在は３期目の７年目、46歳である（ギミギミシェイク20年、西暦２０５０年）。〉

芦田さんが首相になったのは、愛子さまが天皇の時代だった。タイトルの〈ＡＡ〉は〈Aiko & Ashida〉か、それとも二人に共通する〈愛（Ａ）〉か。そこでは即位した愛子さまを、「愛子天皇」でなく「愛子帝」と表現する。愛子帝と芦田首相をいただく三十年後の日本を描いた、カクヨムの分類によれば「現代ファンタジー」だ。

作者は「OjohmbonX」とあり、ＳＮＳでたどると「ふつうの会社員（34）」と自己紹介している。実に達者な書き手だ。お代替わりの過程がきちんと描かれ、制度やその他と照らし合わせても無理がない。冷静に皇室を見つめている人だと思う。

悲観と楽観が同居しているのが特徴で、日本という国の行方を限りなく悲観的にとらえ、皇室の維持については激しく楽観的に描かれている。

まず、悲観の方から見ていく。舞台となっている二〇五〇年はこんなふうに描写される。

〈覇権国家が存在しない状況は世界にとって不幸だった。アメリカも中国も一国で覇を唱えるには至らず、二国の熾烈な主導権争いで世界は疲弊し、ブロック経済が進んでいた。（略）あまりに複雑化し過ぎていた。資本と国家と民族の軋轢が限界に来ていた。〉

国内も問題山積だった。日本人の知的体力の衰え、増える外国人労働者。経済は、こんなふうに描かれる。

〈苦労を乗り越えて、国際情勢の綱渡りをかろうじてやりきったとしても国内の経済的な豊かさには結び付かない。せいぜい「ひどい悪化を回避する」ことにはなっても、「良くなる」ことにはならないのがつらいところだった。〉

そんな中で唯一、否、唯二、輝きを放っているのが愛子帝と芦田首相だ。その輝きを私なりに表現すると、「度外れて優秀」「解がある」、そして「肝が据わっている」だと思う。二人はクールで動じず、ものごとを決めていく。

芦田首相は慶應大学からカリフォルニア大学バークレー校に進み、中東専門の政治研究者から政治家になった。官房長官時代の活躍ぶり（複雑な利害関係を解きほぐし、政治家や官僚たちにアクションのヒントを与え続ける）から、「彼女に任せれば大丈夫」という雰囲気が醸成され、首相へ。英語、アラビア語、ペルシャ語、トルコ語を駆使する。

愛子帝は学習院大学を卒業、都市工学、中でも都市計画史を専門とし、博士号を取っている。英仏独伊西語に加え、中国語、韓国語、タイ語に精通している。彼女のすごさを表すのが、皇室会議の場面だ。

議題は、誰が皇位を継承すべきか。時の首相は愛子内親王に「あなたが皇位を継承する可能性について、どう思われますか」と尋ねる。

「そのようになれば、そういたします」

愛子内親王は、ただそう答える。

スーパー少女、愛子さま

現実の〈ＡＡ〉を知っているから、絵空事と思えない。愛子さまの優秀さの担保は、「ハーバード大→東大→外務省」の雅子さま。そういう人の娘が優秀でないはずがないと、誰もが思う。一方の芦田さんについても、天才子役として活躍しながら慶應中等部に合格したことを、誰もが知っている。四谷大塚のホームページを見ると、女子の場合「偏差値70」で慶應中等部の合格率八〇％だそうだ。

「女性セブン」は「愛子さま『東大かオックスフォード大か』偏差値72の選択肢」（二〇一九年

七月十一日号）で、愛子さまの偏差値を「72」としている。学習院女子高等科の文系クラスで、成績は常にトップクラス↓同科からは毎年、東大に進む生徒もいる↓偏差値は70から72。そう「進学塾関係者」が類推している。

記事中、「皇室ジャーナリスト」のこんな発言も紹介される。

〈女性天皇容認の機運が高まる背景には、愛子さまの自然な笑顔や気品のある立ち居振る舞いが影響していることは間違いない。〉

世論調査に裏打ちされた「女性天皇」容認論の高まり。その背景に、愛子さまがいる。そうとらえている。

確かに映画鑑賞でも相撲観戦でも、令和になって見る愛子さまは落ち着いていて、今どきの女子高生とはまるで違う。だからだろうか、「女性セブン」に限らず、「愛子天皇」関連の記事で描かれる愛子さまは「人望があり、英語が得意で運動神経抜群で、チェロの腕前は音大進学を狙え……」と、とてつもないスーパー少女だ。

同時に愛子天皇待望論には、秋篠宮家が影響していることも間違いない。眞子さまと小室さんの問題から「秋篠宮家は大丈夫か」という論を立て、そこで育つ皇位継承順位二位の悠仁さまへの「不安」を指摘する。その点、愛子さまは天皇陛下のもとでずっと育っているから「期待が高まっている」と伝える。よく見かける記事の典型的なパターンだ。

メインストリームにいる人ではもうダメ

現実はさておき、「ＡＡゴールデンエイジ」が愛子さまと芦田さんに寄せる期待はどこから来ているのだろう。はっきりしているのは、二人とも女子だということだ。

世界経済フォーラムによると、二〇一九年の日本のジェンダー・ギャップ指数は世界百二十一位だ。主要七カ国のうち最下位というのはもう定位置だが、過去最低順位を更新したそうだ。二〇一八年の一人当たり名目ＧＤＰは前年より一つ順位を下げて二十六位。

二つの数字を重ねると、「男に任せているうちに、どんどんダメになった日本」となる。

男性はあてにならない。女性なら救ってくれるかもしれない。行き詰まった日本にあって、そう考える人が増えても不思議ではない。若い世代に目をやれば、日本には愛子さまと芦田さんがいる。それが「ＡＡゴールデンエイジ」であり、「愛子天皇待望論」も同じ構図の中にあるのではないだろうか。

メインストリームはもうダメで、どこか違うところの人に託さなくてはダメとわかっている。プロではなくアマチュアがいい。だけど政治や経済の世界は「現実」が重すぎて、ふさわしい人を見つけられない。「皇室」はどうだろう。愛子さまは皇族女子だから、皇室内の「メインストリーム」にはいない。愛子さまが天皇になれば、わかりやすく劇的で、きっとすごい効果をあげられる。そんな期待が「愛子天皇待望論」ではないだろうか。

そう思うと「AAゴールデンエイジ」における「楽観」の説明がつく気がするのだ。皇室制度の維持についての、圧倒的な楽観。政治や経済では描けない楽観が、皇室でなら描ける。作者の独特な手法の合間から、そんな気分が感じられる。

小説の中で、政権が主体的に皇室問題にかかわることは一度もない。皇族の行動があり、世論が動き、追随して「特例法」を決める。すべてそのパターンだ。

最初にできたのが、「女性宮家の創設等に関する皇室典範特例法」。愛子内親王が大学生になって公務に大活躍、そこから「彼女が結婚で皇籍を離れては大変だ」と女性宮家の議論が始まるが、政権は決められない。ところが愛子内親王は二十歳になってすぐに婚約を発表、それで事態が動き、特例法ができる。

ちなみにお相手は、「たまたま」旧皇族の出身者。「戦後の臣籍降下で皇族の地位を離れた11の宮家のうちの1つの男系男子だった」と描写される。愛子内親王は二十二歳で結婚、すぐに男子が生まれる。

次にできたのが、「女性天皇の即位等に関する皇室典範特例法」。最初に行動を起こしたのは詳細は省くが、大学生になった悠仁さま。法令施行時、すでに愛子内親王には二人の息子がいたので、男系での継承が維持される。

「女性宮家の創設も、女性天皇の即位も、皇室典範そのものを改正せず特例法で対応したのは、国粋主義団体への配慮からだった」。作者はそう書く。現実の政治を見る目の冷静さがあり、それは変わらないというあきらめもある。

それを突破するのは愛子さまの「胆力」と「幸運」。「ＡＡゴールデンエイジ」を貫くのは、そういう楽観だ。この小説の終わり、愛子帝は十四人目の子どもの臨月を迎えている。

カクヨムはこの小説を「現代ファンタジー」と分類した。メインストリームにいない皇族女子の活躍は、現代ではやはり、ファンタジーなのだろうか。

3 「女性・女系天皇」が認められない苦痛

皇族女子の「皇室から出たい」願望

「女性・女系天皇問題」が苦手だったのには、実はもう一つ理由がある。「雅子さまは、愛子さまが天皇になること、いやではないかな」と思っていた。その気持ちが、真正面から考えることのブレーキに、少しだがなっていた。

「愛子天皇」が論理的にイエスでも、それによっていやな気持ちになる人がいるならイエスと言いにくいなあ。皇太子妃時代の雅子さまは、「天皇制」によって散々な目にあったわけだしなあ。漠然とだが、そんなことを考えていたのだ。

少し俯瞰して言うならば、「制度」と「当事者の気持ち」を分けていいのか、逡巡していたのだと思う。「女性宮家」についても、同じような迷いがある。

皇族女子が、結婚後も皇室に残れるようにする。そのために「女性宮家」を作る。目的は公務の担い手増なのか、皇位継承者増なのか、そこもいろいろある。が、それを棚上げし「とにかく皇室に残るため」の女性宮家と考える。そうだとして、果たして皇族女子はそれを望んでいるのか。最初にそのことを考えてしまい、先に進みづらい。

眞子さまは、小室圭さんとの結婚を強く望んでいる。いろいろあるが、そう見てほぼ間違いないだろう。そう思う気持ちに、「皇室から出たい」要素はないだろうか。佳子さまが「姉の一個人としての希望がかなう形になってほしいと思っています」と応援する気持ちに、「自分もいつか皇室から出たい」要素はないだろうか。

すでに紹介した座談会「眞子さま降嫁で皇族が消える日」（「文藝春秋」二〇一七年七月号）には、所功さん（京都産業大学名誉教授）、岩井克己さん（ジャーナリスト）に加え、保阪正康さん（ノンフィクション作家）が参加していた。三人はこの道のプロで、プロがそろって「眞子さま結婚ショック」を語っていたのは、皇族女子の「皇室から出たい」気持ちを知っているからではないだろうか。

岩井さんは「これから先『眞子さまドミノ』あるいは『離脱ドミノ』のようなものを覚悟しなければならないのかな」と発言していたが、これなど皇族女子の「皇室から出たい」願望が前提だろう。そんなふうに読んだ。

だから「女性宮家」に反対だなどと言うつもりは、毛頭ない。議論した方がいいし、退位特例法の付帯決議で議論を促されているのに、コアな支持者の方ばかり向き、スルーし続ける安倍晋三政権はいかんと思う。だけど、「制度」と「当事者」のはざまで迷っている自分がいる。

もちろん「当事者が、どんどん意見を言ってくださればいいのに―」と言いたいわけではない。象徴天皇がすべきことは、憲法で定められている。皇族も政治性を帯びてはならない。そのことは重々承知している。だからこそ、秋篠宮さまが次男ならではの役割を果たそうとしていることを前章で書いたし、当事者の気持ちをすくいあげるのは宮内庁の主要な仕事だと思う。困ってばかりでもしょうがない。「制度」と「当事者の気持ち」のはざまで、それでも考える方法を見つけていこう。道はある。そう思うきっかけとなった話を書いていく。

男子を産まなければいけないという価値観

それは二〇一九年（令和元年）十一月五日の朝だった。テレビを何気なくつけると、「羽鳥慎一モーニングショー」が皇位継承問題を取り上げていた。作家の竹田恒泰さんが神武天皇以来の「男系男子」を守るべきで、「旧宮家の皇籍復帰」で安定的継承はできると述べていて、保守派のいつものそれだったので聞き流していた。だが、聞こえてきた一人のコメンテーターの意見に驚いた。

弁護士の菅野朋子さんがこう言っていた。

「私が一つ申し上げたいのは、女性・女系天皇を認めないということがどれだけ女性にとって苦痛か、女は男を産まなければいけないんですか。そこを強いられることになるんですよ」

天皇は「国民統合の象徴」だから、「女性・女系天皇」についても国民自ら考えねば。そういう「べき論」はたくさん聞き、たくさん読んだ。だが、「女性・女系天皇を認めないことが、女性の苦痛になる」とはっきり聞いたのは初めてだった。

「今は一人の女性だけだが、どこかで（男子が）生まれればいい」ので旧宮家復帰なら大丈夫。そういう趣旨を語る竹田さんに、菅野さんは「女性にとって男子を産まなくては認められない。そのことを突きつけられる。その価値観というものは、今は国民になかなか受け入れられないのではないですか」と反論していた。

菅野さんは、「女性・女系天皇問題」を自分の問題ととらえている。画面からそれが伝わってきた。もっと意見を知りたくなり、インタビューに行った。ウェブサイト「論座」に掲載した（二〇二〇年一月八日）が、菅野さんの思いには、二つの視点があった。

一つは、皇后という立場の人を見る視点。菅野さんは、「国民統合の象徴」は天皇だが、皇后という存在は「みんなの憧れ」「お手本」であり、「女性のあるべき姿」のようにとらえられていると、整理した。「あるべき姿」を示す人が男子出産を強いられれば、日本はそういう国なのかと女性たちは思う。そういう価値観があること自体が重たい、と。

もう一つは、隣人としての雅子さま、という視点だ。インタビューをそのまま引用する。

〈例えば友人から「男の子を産んでほしいと言われた」と聞けば、多くの女性は自分の話のように受け取り、嫌な気持ちになると思います。それができないと、女性として否定さ

れる。直感的に、そう思うはずです。〉

それと同じなのだと、菅野さん。「この感覚は女性にしかわからないかもしれない」と途中、何度か言っていた。

「国民統合の象徴が男性だけというのは、女性差別」。これは男性もわかるだろう。けれど「絶対に男の子を産まなくてはならない」ことが、どれだけプレッシャーか。そのことは、おそらく女性にしかわからないだろう、と。

相撲や歌舞伎など「男性だけ」の文化があることは理解する。だが、相撲は「継ぐ」ものでなく、歌舞伎は「継ぐ」人もいるが、そうでない人もたくさんいる。なのに「皇后になる方だけが、『男子の後継者』を産む役割を堂々と背負わされている」と菅野さん。

自分が男の子でないことの葛藤

話は、愛子さまのことにも及んだ。愛子さまは、「お母さんが批判されるのは、自分が女の子だからだ」と自分を責めていただろう。菅野さんは、そう見ていた。

二〇一六年（平成二十八年）、十五歳になった愛子さまが極端にやせ、拒食症が心配されたことがあった。前著で私は、「愛子さまという少女ののっぴきならない感じ」と表現した。小学校二年生で不登校になって以来、生きにくそうな愛子さまだから、元気そうだとほっとする。

そんなことも書いた。が、そこまでにしていた。

菅野さんは、自身が摂食障害になったことがあり、始まりは自己否定感だったと語った。愛子さまに自分を否定する理由など見当たらない。だからあの時の愛子さまは、「『男の子でない』ことの葛藤」があったろう、と菅野さん。

愛子さまが生まれた時のことをよく覚えている。皇太子夫妻（当時）に待望のお子さまが生まれたことを喜ぶ気持ちが世の中にあふれたことは間違いないが、それだけではない空気も確かにあった。「男の子」でなかったことをどう消化するのか。それぞれがそれぞれに考えた。私自身について書くならば、「生まれてきてありがとう」と涙ぐむ雅子さまの様子に心動かされた一方で、「お世継ぎプレッシャー」が残ってしまったという現実に「これからも大変だなあ」と思った。

菅野さんは、「みんなが『男の子でない』と騒ぐわけですから、どれだけ苦痛なことか。皇后という立場の方、そこに生まれた女の子、どちらにとっても今の制度は人間性を否定することになると思います」と言った。菅野さんの繰り返した言葉が、もう一つある。

「『男系男子』とは、それまでして守らなければいけないものでしょうか」

女性天皇に賛成する意見が多いのは、雅子さまが苦労したことへの思いがあると感じる、と菅野さん。最後にこう言った。

「制度が変われば雅子さまは、『自分の苦労が無駄ではなかった』とお思いになると思います。女性天皇が認められれば、八割が認めている国民の声を組み入れたことになるのですから」

なるほど、声が形になるということか。法律家らしいと思った。そこに、「同世代感がすごくある」という雅子さまへの温かい目線が加わり、菅野さんはこう言っていた。

「制度が変わるということは、日本が変わるということ。結婚以来の苦労があって、そのような成果を出せた、と。それは、つまり自分が役に立ったということ。雅子さまはそう思われると思うし、そういう日が来ればいいなと思っています」

皇室とは、国民と地続きの存在。だからそこにおける諸問題を、自分の問題として考える。そのアプローチは自分発、身の丈で。菅野さんと話し、しみじみそう思った。菅野さんは結婚、出産、離婚を経て、司法試験の勉強を始めた人だ。女性・女系天皇を考える上で、その体験も影響しているのだろう。

皇族女子が国民に向かって意見を言う場は、極めて少ない。そのことも何とかならないか、とは思う。だからといって「気持ち」を勝手に想像し、考えることをためらっていてもしょうがない。最後にもう少し、私なりのアプローチをしてみようと思う。

4　皇族女子が「責任ある立場」に就く日

内親王にも経済力が要る

三浦しをんさんはカッコいい。スカッと明るく、思うことを言葉にする。

前にも紹介した原武史さんとの共著『皇室、小説、ふらふら鉄道のこと。』で、眞子さまの問題にも独自のアプローチをする。なぜ男性の職業や稼ぎだけが問題になるのか、そこにこだわっている。

内親王の結婚が、専業主婦になることを前提としているから、「ふさわしいお相手」の話になる。それって時代遅れだ。そのことを三浦さんは、こう表現する。

「『売れないロックミュージシャンと結婚したい内親王』とかが出てきたら、どうするんでしょうか」

三浦さんの考えは、いたってシンプル。男女を問わず、好きな相手と結婚する。稼いで家計を維持する。いろいろな事情でそれができないなら、公的扶助を受ける。その考えの延長線上として、内親王は結婚後、何かあった場合、皇室に戻れるのかと原さんに聞く。

原さんは「いったん臣籍降下したあと皇族に復帰した宇多天皇のような前例はあるが、ふつうは戻れませんね」と専門家らしく答える。三浦さんは、戻れないならなおさら、女性に経済力がなければどうしようもないではないかと憤る。

上皇陛下の長女の黒田清子さんが伊勢神宮祭主という仕事に就いていると、原さんが教える。伝統的に内親王がしてきた役割だ、と。

でも、そのポストに就けるのは一人ではないかと、三浦さん。内親王をめぐる「仕組み」を問題にしている。だから、こんなふうに言い切る。

「内親王だって自分のやりたい仕事をしたらいいのに。好きな人と自由に結婚するためにも。実力で一般企業に入社しても、きっとコネとか言われちゃうんだろうけど、そんなの気にしなきゃいいのです」

三浦さんは、働くことを楽しいと思っている。それは自分も内親王も同じだと、はなから考えている。それが三浦しをん流の、皇族女子を自分の問題ととらえる方法だ。三浦さんのこの言葉で、私は眞子さまのある写真を思い出した。

三浦さんの想定とは違うとは思うが、眞子さまは働いている。日本郵便と東京大学総合研究博物館が協働で運営する博物館「インターメディアテク」の特任研究員をしているのだ。そこでの勤務を終えた眞子さまが、迎えの車に乗るところを「女性自身」（二〇一九年七月九日号）が撮った。

眞子さまはサマーセーターを着て、メガネをかけていた。ショルダーバッグのほかにもう一つ、手提げカバン。日によってメガネをかけたり、コンタクトレンズにしたり。眞子さまはどの職場にもいる、働く女子なのだと思った。ただし写真の眞子さま、やや顔が険しい。眞子さまには仕事があって、公務もある。それを楽しいと感じているだろうか。そんなことを考えた。

責任ある立場に就くことを控えてきた清子さま

雅子さまが令和になって、明るく堂々とされているのは「自分はいるだけで価値がある存在」と思えるようになったから。精神科医の斎藤環さんのこの解説は、何度も書いてきた。皇太子妃も「いるだけで価値がある存在」にかわりはないが、実感できなかったのだろうと、斎藤さんは言っていた。

「自分はいるだけで価値がある」と実感するのは、なかなか難しい。前著で私は、雅子さまのことを「結婚というより転職のつもりだった」と書いた。皇室という新しい場所で自分を役立てたい。そう婚約内定会見で語ったことは、第1章でも書いた。だが、期待されたのは第一に「お世継ぎ」。それが納得できず、雅子さまは適応障害になってしまわれたのだろう。

雅子さまのような「元キャリアウーマン」でないなら、別な感覚になっただろうか。他の皇族女子の心が知りたいと、『ひと日を重ねて』（大東出版社）を開いた。

サブタイトルに「紀宮さま　御歌とお言葉集」とある。皇太子さま（当時）と美智子さまの長女として一九六九年（昭和四十四年）に生まれ、二〇〇五年（平成十七年）に都庁職員の黒田慶樹さんと結婚された清子さま。外国訪問のたびに記者会見し、毎年の誕生日には文書で回答し、皇族女子の中で最も語った方だと思う。

この本を読んでわかるのは、清子さまに流れる母から受け継いだ「ディテールDNA」。ただし、発露の仕方は少し違う。「皇太子妃」「皇后」という立場と、「内親王」という立場の違いからだろう、清子さまは具体的な場面を語ることより、気持ちを語ることに注力している。ご両親、特に美智子さまからの「教え」を具体的にあげ、自分なりの「理解」を語ることが多い。

二〇〇二年（平成十四年）、三十三歳のお誕生日にあたり「内親王という立場」について述べられていた。

「皇族という立場において、男女の差やその役割の違いというものは特別にはないと感じています」と清子さま。「その務めについても、両陛下をお助けしながら、皇族としての務めを果たすという基本的な点で変わりなく、（略）男女の役割の違いというよりは、その公務の内容に対する各人の携わり方などが関係してくる場合もあるのではないかと思います」

そう述べてから清子さまは、「皇后さまが」という表現で、美智子さまの話をする。皇后さまはずっと「皇位継承者というお立場だけは他の者が代わることのできない、またそのお務め自体も他が分け持つことのできないもの」という考えだった、と。

その上で、清子さまはこう続けている。

〈内親王という立場も、他の皇族と変わるところはないでしょう。私の場合、宮中の行事など以外では、独りのお務めが多いため、これまであまり女性皇族ということを意識することも少なかったように思います。ただ、内親王という立場は、先行きを考えるとき、将来的にその立場を離れる可能性がどうしても念頭にあるため、中途半端に投げ出してしまうことのないように、継続的な責任ある立場に就いたりすることは控えてきたということはあるかもしれません。〉

胸に響く文章だった。三十三歳といえば、働き盛りだ。ここまで紹介した文章でも、真面目で思慮深い女性だということがわかる。清子さまが「お務め」を愛し、一生懸命取り組んできたことも伝わってくる。そういう女性が「男女の差や役割の違いは特別にない」と認識しながら、「その立場を離れる」ことを念頭に、「継続的な責任ある立場に就いたりすることは控えてきた」というのだ。

何ともったいない、そして何とつらいことだったろうと思う。

結婚退職が決められている皇族女子

清子さまは、初めて就職というものをした皇族女子でもある。一九九二年（平成四年）三月に学習院大学を卒業、四月から山階鳥類研究所に非常勤職員として勤務、一九九八年（平成十年）には同研究所の非常勤研究員になっている。

まだ清子さまが大学二年生だった一九九〇年（平成二年）、美智子さまはこんな御歌を詠まれている。

バンダーの資格うれしと軽装の子はいでゆけり冬枯《ふゆが》るる野に

「註」として「バンダー　鳥に足環などをつけて学術的な調査を行う鳥類標識調査従事者となるための資格」とある。資格を取った清子さまが、喜んで鳥の標識調査に出かける様子を詠まれたのだろう。

同研究所の資料をたどるとこのバンダーという資格、一九七九年（昭和五十四年）から養成が始まり二〇〇八年（平成二十年）時点で約八百人が取得しているとあった。清子さまが取得した時は、ずっと少なかったに違いない。

つまり清子さまという方を一般女子的に解説するなら、大学時代に貴重な資格を取得、それを生かして就職し、職員から研究員へ転ずる、となる。努力する、優秀な女子だ。

清子さまは鳥類を研究、公務を本分と考えていたのだと思う。父である上皇さまがハゼ、兄である陛下が水問題、もう一人の兄の秋篠宮さまはナマズや家禽類。天皇家の男性は「研究テーマ」を持っている。それもきっと生きる知恵であり、清子さまは同じ道を歩んでいた。

美智子さまは、清子さま出産の四カ月後、記者会見でこう述べている。

「結婚までは皇族として生活させていただくのだから、それにこたえるような人になってほしいと思います」

皇族女子として、真っ当に生きよ。母の教えをきちんと守る、出来の良い娘であり続け、清子さまは三十六歳で兄の友人である黒田さんと結婚した。

そんな清子さまの文章をもう一度読み返すと、しーんとした気持ちになる。皇族女子としての分をわきまえた清子さまから出た「継続的な責任ある立場に就いたりすることは控えてきた」という言葉。すべて、「将来的にその立場を離れる可能性」つまり、結婚退職が決められているからだ。

清子さまも心のどこかで、「責任ある立場に就きたい」と思ったのではないか。嫁ぐ清子さまのことを、美智子さまはこう振り返っている。「穏やかで、辛抱強く、何事も自分の責任において行い、人をそしることの少ない性格でした」（二〇〇四年、お誕生日にあたっての文書回答）。

「皇族女子」について考えながら清子さまを思うと、切ない気持ちになる。

現在、黒田清子さんは伊勢神宮祭主という仕事に就いている。祭主としての姿をお代替わりにあたって拝見し、「できる祭主」に違いないと確信した。だが、三浦しをんさんが指摘したように、「そのポストに就ける」のは一人だけ。皇族女子全体のことを考えねば。

「務め」を果たす仕組みとしての「女性宮家」

整理しよう。清子さまの抑制的な言葉からわかったのは、「結婚退職」が前提である皇室という組織の問題点だ。女性であるがゆえに、責任ある仕事を引き受けにくい。

この問題の改善に、「女性宮家」は有効だ。結婚退職しないでよい。そういう立場になってもらう、そのための「女性宮家」。その仕組みを作った上で、責任ある仕事を引き受けていただく。これなら、すごくすっきりする。

だんだんとわかってきたのだが、皇室のさまざまな問題を解決するにあたり、皇族女子が「利用されてる感」、ないだろうか。

「公務の担い手」または「皇位継承者」が足りなくなっているから「女性宮家を」と言われている。でも、「足りないから来て」と言われて行くって、うれしくない。「こうしてほしいから来て」なら、「何、何、何をする？」と、喜んで行く。私は、そう思う。

皇室における「人員減少」は明らかだ。だから「対策」も必要だろう。だけど何か仕組みを作るなら、目先の対策だけでなく、「目的」も必要。それだけのことだし、そうなれば「女性宮家」も自分の問題として考えられる。そういうことが言いたいのだが、わかっていただけるだろうか。

そして、皇族女子が責任ある仕事をするための仕組みとして「女性宮家」を作るなら、「男系男子」はたぶん、無意味化してくるはずだ。男女ともが責任を担うという時、「でも、男子が優先で」とすることに意味はない。

最後にもう一度、『皇室、小説、ふらふら鉄道のこと。』を紹介する。

上皇さまの二〇一六年（平成二十八年）八月の「おことば」が話題になった。退位の意向をにじませたビデオメッセージで、「国民の理解を得られることを、切に願っています」で終わる。原武史さんと三浦しをんさんが語ったのは、その直前の段落のことだ。

〈これからも皇室がどのような時にも国民と共にあり、相たずさえてこの国の未来を築いていけるよう、そして象徴天皇の務めが常に途切れることなく、安定的に続いていくことをひとえに念じ、ここに私の気持ちをお話しいたしました。〉

原さんは、天皇（当時）がここで「血統」には言及していないことに注目し、こう述べる。

「象徴としての務めを果たすことができる天皇であれば、血統は二の次でよいと読むこともできるわけです」

三浦さんは、「ほんとだ、女性・女系天皇でもいいと思われている感じがしますね」と受けた。

上皇さまが使った「務め」という言葉。清子さまは「お務め」と表現していた。責任ある仕事を引き受けるのに、男も女もない。すごくシンプルだ。

「継続的な責任ある立場に就いたりすることは控えてきた」清子さまを経て、「責任ある立場」に皇族女子が就く。

それが愛子さまであっても、ちっともおかしくない。

おわりに

皇后雅子さまのことを書き終えた今、しみじみ思っているのは、同時代とはしんどいものだなあということだ。

もちろん前著『美智子さまという奇跡』を書いている時にも、しんどさはあった。だがそれは主に文章をどうするかという問題であり、少し考えさえすれば、先に進んでいけた。

自分が美智子さまの娘世代だからだと思う。物心ついた時から美智子さまは美智子さまで、完成された存在だった。「お幸せな皇太子ご一家」の妻であり母である存在から、完璧なる皇后に。昭和から平成と立場は変わられたが、「美智子さま」であるという意味では同じだった。

記者という仕事に就いて、週刊誌編集部に所属し、皇室関連の記事を書くことが多かった。宮内記者会に所属したことはなかったが、皇室を見る目のようなものは培われたと思う。徐々に「美智子さま」が完成される道筋が見えても来た。だから前著の執筆は、数学を解いていくような感じだった。

こうして、こうして、こうなる。美智子さまの軌跡を頭で整理しながら進んでいく。すると、少しずつ「奇跡」が解けていく。そんな作業だった。

ところが雅子さまは、もっとヒリヒリとした存在だった。

そもそも世代がほとんど一緒だ。本文にも書いたが、私は雅子さまの三年近く前、天皇陛下の一年後に生まれている。皇太子妃時代の雅子さまの苦悩には、思うことがたくさんあった。令和になる前も、雅子さまはどうなるだろうと心配だった。それが杞憂に終わりそうだとわかってきてからも、同時進行で一喜一憂しているような感覚があった。

平成が終わる頃から、複数のメディアに執筆を依頼されるようになった。即位礼正殿の儀です、トランプ大統領来日です、祝賀御列の儀です。そのような「ニュース」の主人公としての雅子さまを書く。その作業をその都度、私なりにしてきたが、改めて一冊の本にまとめるという作業を始めると違う気持ちがわいてきた。

書いた原稿に手を入れたり、全く新しい原稿を書いたり、そういう作業をしながら、悩ましい気持ちが増していった。振り返って文字にするなら、雅子さまという人を「我が事」としてとらえているだろうか。そういう疑問だった。

念のため書くのだが、雅子さまになり代わって考えているだろうかという意味では全くない。雅子さまは皇后というこの世に一人しかいない立場の人であり、代わることなど誰もできない。だが同時に、今を生きる一人の女性でもある。

皇后という人であること、同時代を生きる女性であること。私はその両方を見たい。そして、雅子さまという人を考えたい。それができているだろうか。そんなモヤモヤだった。

とはいえ書いている最中はこのようにはっきりしておらず、これでいいのかな、いいのかなという自問自答の連続だった。同時代はしんどいなあ。数学とは、程遠い作業だった。

ある時から、正直な気持ちで臨むしかないと思うようになった。涼しい顔で分析するようなことはできない。わかったような振りをするのはやめよう。自分なりの言葉で、自分なりのアプローチをする。迷いがあれば、それも隠さない。それしか書き進める道はない、と。

雅子さまも、もしかしたら同じ気持ちかもしれない。失礼を顧みず、そんなふうにも思った。優秀な方だから、計画は立てるだろう。だけど、ものごとは計画通りには進まない。だから、とにかく向き合っていく。そんな気持ちで、皇后としての日々を歩んでいるのではないか。そう思ったきっかけは、「祝賀御列の儀」だった。

本文中に書いたので多くは語らないが、雅子さまはほとんど左を向いていた。ご自分に近い側に向かい懸命に手を振り、何度も涙をぬぐっていた。そうか、雅子さまは目の前の人々に感動しているのだ。だから、ずっと同じ方をご覧なのだ。そう思った時に、浮かんだのが「アマチュア」という言葉だった。

プロに対するアマチュアは、プラスの表現ではないかもしれない。だけど、雅子さまの中には「普通の感覚」が残っている。それを長い長い皇室の歴史に対する「アマチュア」ととらえれば、雅子さまの意味がわかる。生きづらさが増した平成から令和になり、雅子さまが普通の感覚を持ったまま皇后になった。それが国民をどれほど励ますことか。「アマチュア」という言葉で、そこまで確信できた。

　雅子さまを考えることは、「今」を考えることになる。自分なりの言葉で、書いていこう。それが「我が事」ととらえること。書きながら、気持ちを整理していった。

　同時代を生きる者として雅子さまを拝見する時、陛下という良きパートナーを得た幸福をいつも感じる。本文中で私は、お二人のことを「対等な関係」と何度か書いた。それはその通りなのだが、その通り過ぎるなあ、などと思っていた。

　ところが、ところが。実に適切な表現を、ある人から教わった。その人の名はマリア・テレジア。オーストリアの女帝が二百五十年前に、令和のお二人の関係を絶妙に表す言葉を使っていたのだ。

　前著でも書いたが、私は『マリー・アントワネットとマリア・テレジア　秘密の往復書簡』（岩波書店）を愛読している。娘のマリー・アントワネットに「地位ある者とは」と説くテレジアから、実に多くのことを学んだ。

「妻としてのあり方」も、娘に説いたことの一つだ。単純な「夫ファースト」ではないところが、テレジアのテレジアたるゆえん。王妃になったアントワネットに出した二通目の手紙にこうある。

「国王陛下の生涯の友であり、そのもっとも信頼を寄せる相手としてのあなた、また陛下の幸せのみを心に掛けている女性、その全幅の信頼に値する女性としてのあなたに申し上げます」（一七七四年五月三十日）

国王陛下の生涯の友。全幅の信頼に値する女性としてのあなた。国王を天皇に置き換えたら、「あなた」はそのまま雅子さまになると思う。だが、それよりもっと良い表現があった。テレジアの次の手紙に、こうあった。

「陛下の女友だちにして無二の親友になるよう努める、という件です」（同六月十六日）

さすが、マリア・テレジア。陛下と雅子さまが醸し出す雰囲気は、無二の親友同士だからこそだと得心した。そして、ジェンダー・ギャップ指数が世界百二十一位の現代の日本にあって、目指すべき夫婦関係は、「無二の親友」だ。

雅子さま、そして陛下を考えることは、今の日本を考えること。しみじみそう思っている。

最後に申し上げなくてはならないのは、前著同様、大変たくさんの方々のお世話になったということだ。

皇室を長きにわたって取材されてきたジャーナリストの方々や、さまざまな専門分野から皇室について考察されてきた研究者の方々。そのほかにも、いろいろなジャンルの方々の発言や著書に触れ、おかげで何とか考えをまとめることができた。そのうち何人かの方々には、貴重なお時間をいただき、直接お話を伺わせていただいた。

また折に触れ、執筆の機会を与えてくださったメディアのみなさま。令和の皇室をリアルタイムで考えることができただけでなく、やりとりから新たな気づきをたくさん得ることができた。

そして、前著からの担当である幻冬舎編集部の小木田順子さん。令和になってすぐ、雅子さまをテーマに続けて出版しましょうとお声をかけてくださった。何が書けるかはっきりわからない段階で決めていただいたことで、とにかく形にしていかねばと気持ちが定まった。

みなさま、本当にありがとうございました。みなさまのお力添えにお応えするためにも、この本を大勢の人に届けなくては。そんなふうに思っているところです。

二〇二〇年（令和二年）二月の終わりに

矢部万紀子

本書は、以下の記事を改稿・再構成し、書き下ろしを加えたものです。

アエラ

笑顔の期待と新皇后像（２０１９年5月13日号）
雅子さまの肉声聞きたい（２０１９年6月10日号）
雅子さま「ゆる公務」の勧め（２０１９年7月1日号）
雅子さまのお団子　伝統と今の表れ（２０１９年9月23日号）
堂々たる姿に自信と意思（２０１９年10月28日号）
あなたでいるだけでいい（２０１９年11月25日号）
繊細な「素顔」が見えた（２０１９年12月23日号）
愛子天皇待望論の胸の内（２０１９年12月30日-２０２０年1月6日号）
ハリーとは「自覚」が違う（２０２０年1月27日号）
「月に兎はきっといる」（２０２０年2月3日号）

週刊朝日

雅子さまの苦悩と新しい皇后像（２０１９年5月17日号）

BUSINESS INSIDER JAPAN

「雅子さまとともに」新陛下が貫いた「妻への愛」がつくる令和流の皇室（２０１９年5月20日）
陛下と雅子さま、パレード延期までの「真面目」と「ディテール」のはざま（２０１９年10月25日）

文春オンライン

「お相手は？」「お答えするつもりはございません」佳子さまが「回答拒否」に込められた思い（２０１９年4月28日）

「胸元のファンタジスタ」雅子さま ご成婚前の「スカーフ」報道と国民との〝距離感〟を思い出す（２０１９年7月16日）

皇后雅子さまが選ばれた「グレーのストッキング」とその先にある〝解〟（２０１９年8月25日）

紀子さま53歳 はにかむ「川嶋紀子さん」から「皇室顔」になられるまでの30年（２０１９年9月11日）

雅子さま フリルで表現された「強さ」と、左側へ手を振り続けられた「アマチュア精神」（２０１９年11月20日）

雅子さま56歳 〝光沢ゴールドスーツ〟の衝撃 13年前からの「お誕生日写真」が示す〝光と影〟（２０１９年12月26日）

論座

秋篠宮さま「大嘗祭発言」のコンサルタント戦略（２０１８年12月11日）

雅子さまに「適応障害」を語っていただけたら…（２０１９年5月10日）

雅子さまが即位礼正殿の儀で見せたまばたきに思う（２０１９年10月30日）

饗宴の儀、雅子さまのフリルと美智子さまのケープ（２０１９年10月31日）

男系男子天皇にこだわる社会は、女性全体に苦痛（２０２０年1月8日）

著者略歴

矢部万紀子《やべまきこ》

一九六一年三重県生まれ。コラムニスト。

八三年朝日新聞社に入社し、記者に。宇都宮支局、学芸部を経て、「アエラ」、経済部、「週刊朝日」に所属。

「週刊朝日」で松本人志のコラムを担当、連載をまとめた『遺書』『松本』(ともに朝日新聞出版)はミリオンセラーになる。

「週刊朝日」副編集長、「アエラ」編集長代理を経て、書籍編集部で部長を務め、二〇一一年、朝日新聞社を退社。

シニア女性誌「いきいき」(現「ハルメク」)編集長となる。一七年に株式会社ハルメクを退社し、フリーランスで各種メディアに寄稿している。

著書に『美智子さまという奇跡』(幻冬舎新書)、『朝ドラには働く女子の本音が詰まってる』(ちくま新書)がある。